교회란 무엇인가?

HANS KÜNG
WAS IST KIRCHE?

© Verlag Herder, Freiburg i.Br. 1970
All rights reserved.

Translated by PAUL. H. LEE
Korean translation copyright © 1978 by Benedict Press, Waegwan, Korea.

교회란 무엇인가?

1978년 3월 초판
2019년 5월 19쇄
2023년 3월 10일 신정판 1쇄
2024년 10월 31일 신정판 2쇄

지은이	한스 퀑
옮긴이	이홍근
펴낸이	박현동
펴낸곳	성 베네딕도회 왜관수도원 ⓒ 분도출판사
찍은곳	분도인쇄소

등록	1962년 5월 7일 라15호
주소	04606 서울 중구 장충단로 188 분도빌딩 102호 (분도출판사 편집부)
	39889 경북 칠곡군 왜관읍 관문로 61 (분도인쇄소)
전화	02-2266-3605 (분도출판사) · 054-970-2400 (분도인쇄소)
팩스	02-2271-3605 (분도출판사) · 054-971-0179 (분도인쇄소)
홈페이지	www.bundobook.co.kr

ISBN 978-89-419-2302-2 03230

이 책은 FSC® 인증을 받은 친환경 용지를 사용했습니다.

교회란 무엇인가?

한스 큉

이홍근 옮김

분도출판사

차례

우리말 판에 부쳐 9
머리말 13

1 변하는 교회

현대교회의 과제 17
교회의 형태는 변한다 19
본질과 형태 20
고대 교회상의 변화 21
중세 교회상의 변화 24
근대 교회상의 변화 26
전통주의와 현대주의 30
교회의 본질을 규정하는 근원 31
근원적 설계의 현대적 적용 33

2 교회를 믿을 것인가?

교회 – 찬양의 대상? 35
교회 – 비판의 대상? 37
본질과 비본질 40
신앙인 공동체 42
교회를 믿을 필요는 없다 44
교회를 믿을 수도 있다 45

차례

3 교회의 근원

예수가 전한 하느님 통치	49
예수의 생애에는 교회 설립이 없다	57
그러나 예수의 생애 없이는 교회도 없다	60
예수의 부활 이래로 교회가 있다	62
"교회"라는 말의 뜻	65
집회 – 공동체 – 교회	68
지방교회와 전체교회	69

4 교회와 하느님의 나라

교회는 하느님 나라가 아니다	73
교회는 하느님 나라의 전조	75
예수의 메시지에 충실하자면?	77
지나가는 교회	79
신뢰하는 교회	80
봉사하는 교회	82
죄인들의 교회	83
순종하는 교회	85

5 교회는 하느님의 백성

교회는 성직자 중심이 아니다	89
교회는 개개의 개인이 아니다	91
교회는 객관적 실체가 아니다	94
교회는 이상적 존재가 아니다	96

차례

6 교회는 성령의 피조물

교회는 성령이 짓는다	99
교회는 성령이 아니다	100
성령은 어디서나 뜻대로 활동한다	102
성령은 언제나 뜻대로 활동한다	103
카리스마(은사)의 공동체	106
카리스마(은사)의 질서	108

7 교회는 그리스도의 몸

성찬 공동체로서의 교회	111
교회에 현존하는 그리스도	113
교회에 동화하는 그리스도?	115
교회에 계승되는 그리스도?	116
그리스도께 순종을!	119

8 교회의 단일성

참 교회라는 문제	121
개신교의 특징 문제	122
가톨릭의 특징 문제	123
차원들의 실현	124
다양성 속의 단일성	125
획일의 위협	127
분열의 위협	128
교회 일치의 도피?	129

차례

9 보편성·성성·사도성

"가톨릭"이란? 131
어떤 교회가 가톨릭 교회인가? 132
"가톨릭 교회"만을? 136
복음적 가톨릭 교회를! 140
죄 많은 교회 142
어째서 거룩한 교회인가? 143
죄 많은 교회이자 거룩한 교회 145
영속·불후·무류의 교회 148
사도직의 계승 151
사도적 증언 153
사도적 봉사 155

10 교회 내의 봉사

유일한 대사제요 중개자인 그리스도 159
일반 사제직이란? 160
교회의 직무 담당자가 사제인가? 165
지배관계? 167
그리스도를 본받는 봉사 168
교회의 봉사 구조 171
사목 봉사와 공동체 174
베드로의 권한 179
가톨릭의 견해와 개신교의 이의 182
베드로의 봉사 193
분파의 강령? 200

차례

11 세계 속의 교회

세계(세상)의 양면성	205
신성화와 세속화	207
세계에 대한 봉사	209
복음의 증언	213
다수에 봉사하는 소수	214

한스 큉의 주요 저서   219

우리말 판에 부쳐

교회란 무엇이냐는 물음이, 종전처럼 당연시되는 어떤 추상적 현실을 그저 조리있게 풀이해 주기 위한 가상적 물음으로서가 아니라 하나의 절실한 산 물음으로서 책의 명제가 되고, 그 책이 찬반의 열띤 반향을 세계적으로 일으키고 있음은 어째서인가? 그 까닭을 참으로 알려면 역시 교회가 과연 무엇인가를 진지하게, 깊이 묵상하는 길밖에 없으리라.

한스 큉의 이 저서가 어떤 의미로는 많은 물의를 일으켰다고 할 수도 있겠다. 그러나 저자가 논란을 위한 논란을 벌인다고 속단하기에는 너무나 진지하고, 비판을 위한 비판을 한다고 보기에는 교회에 대한 그의 충심과 사랑이 너무나 역력하다. 아니, 바로 그렇기에 교회에 애타게 바라는 그의 마음 또한 그토록 간절한 것이다. 이 점, 편견 없이 이 책을 정독한 사람이면 누구나 수긍할 줄 안다.

아무튼, 찬반을 막론하고 굴지의 신학자들을 위시하여 신도 일반에 이르는 많은 이들로 하여금 근래 어느 책보다도 교회란 무엇인가를 새로이, 깊이 생각게 했고 물음의 지평地平을 크게 넓혔다는 점에서는 매우 긍정적인 자극이며 높이 평가돼야 할 공헌이라 아니할 수 없다.

변천하는 교회를 언급하면서 저자도 지적한 대로, 모든 위대한 과도기를 특징짓는 불안이 과학기술의 경탄할 발전에도 불구하고 오늘 예술·문학·사회 생활·사상 등 인간의 거울인 온갖 분야를, 다시 말해 이 격변의 시대에 사는 개개인과 민족들을 뒤흔들고 있듯이 모든 시대를 초월할 자신을 가진 것으로 보이는 교회, 즉 교인인 인간들도 엄습하고 있음은 실상 부인 못할 사실이다. 그러나 그렇다고 초조하게 마음만 졸일 일은 결코 아니다. 도리어 희망을 가져야 한다. 어려운 위기로 보이는 것이 산고일 수 있고 계기일 수도 있는 것이다. 오히려 이런 때일수록 과감하게 우리 신앙과 생활의 근본적 물음들과 마주서야 하지 않겠는가.

 교회의 본질과 형태가 동일한 것은 물론 아니나, "교회"라는 개념 자체가 교회의 역사적 양상의 영향을 받는 것이고 보면, 저자가 훌륭히 시도하고 있듯이 교회의 본질을 그 역사적 형태 안에서 보고, 아울러 교회의 역사적 형태를 그 본질에서 이해하려는 노력이 절실히 요구된다. 이런 노력이 아니고는 이 세상 안에 그리고 이 세상 역사 안에 실재하는 교회를 올바로 이해할 길이란 없기 때문이다. 신약성서도 어떤 추상적 교회론부터 펴놓고 나서 그에 따른 교회를 실현한 것이 아니라, 하느님이 이룩하신 교회라는 현실에서 출발하여 차츰 그 현실이 무엇인가를 이해하게 되었던 것이 아닌가.

 구원하시는 하느님이 곧 구원받는 인간이 아니고 하느님의 다스림(나라)이 곧 교회(하느님 백성)는 아닐진대, 교회의 무엇이 본질이며 무엇이 비본질인지를 가림으로써 역사의 변천 가운데에 머물면서 믿음의 주체이자 대상인 교회를 우리 나름대로 파악해 보려 해야 마땅할 것이다. 다만 이런 노력의 과정이 결론에서 출발하지 않는 정직한 탐구인 이상, 순편順便할 수만은 없음이 오히려 당연하다 하겠다.

 더욱이 우리나라처럼 신앙의 이해에 깊이와 성숙이 절실히 요청되는 마당에서는 성장의 진통도 있어야겠거니와, 비단 이 책뿐 아니라, 오늘의 세계 교회가 실제로 어떻게 자신을 이해하려고 노력하고 있는가를 직접 보여주고 우리도 또한 그 노력에 뜻있게 참여할 수 있도록 도움을 줄 많은 양서의 소개가 실로 아쉽다 하겠다.

1978년 3월

장 익

✝장 익 요한

머리말

교회란 무엇인가? 이것은 오늘날 이론에만 그치는 질문이 아니다. 온갖 논의와 개혁, 변화와 변동이라는, 모든 그리스도교 교회들이 처한 격동하는 현실이 그 어느 때보다도 이 질문을 절실하게 한다. 바야흐로 그리스도의 교회에 있어서 과연 무엇이 근본적으로 중요하고 무엇이 그렇지 않은가?

매우 자주 저자는 가톨릭과 개신교 그리스도 신자들에게서 비교적 방대한 이 책의 원본 『교회 *Die Kirche*』보다는 짧고 이해하기 쉬운 책으로 이 문제에 대답해 달라는 요청을 받았다. 그래서 교회에 관한 책을 새로 하나 쓸 것까지는 없어도, 원저에서 더 요점적인 부분들을 간추려서 교회의 본질에 관한 문제에 대한 간략한 대답이 되도록 해야겠다고 생각했다.

아무도 이 소책자가 600면을 헤아리는 원본과 맞먹는 저서이기를 기대할 사람은 없을 것이다. 삭제된 것을 보자면, 약간의 예외는 있지만 전반적으로 성서 해석상의 고찰과 실천상의 적용, 주석학적 논거와 역사학적 관찰(특히 하느님의 백성, 그리스도의 몸, 영의 집이라는 개념과 관련하여), 그 밖에 2차 바티칸 공의회의 인용과 각주와 문헌 소개도 모두 삭제해야 했다. 마찬가지로 동서 교회 분열과 종교 개혁의 근원에 관한 논의도, 신약성서의 종말론과 탈신화화脫神話化 및 교회의 단일성·성성·보편성·사도성에 관련된 자세한 설명도, 또 오늘날 특별히 중요한 문제인 교회와 유대인·이단자·광신자와의 관계에 관한 항목도, 그리고 좀 주저한 끝에 그리스도교적 자유와 세례·성찬·사죄에 관한 항목도 삭제해야 했다. 끝으로 오늘날의 구조 개혁과, 에큐메니즘을 논하는 항목 및 교회의 외적 조직과 특별한 직무와 사도적 계승에 관한 항목들은 국제 신학지『콘칠리움 (Concilium, 1968 IV)』에서 처리한 것과 비슷한 방식으로 요목적으로 종합해야 했다. 베드로의 봉사에 관한 부분 역시 원저의 해당 항목의 일부에 불과하다.

그러면서도 교회의 본질에 관하여 결정적으로 중요한 부분은 ― 몇 군데 연결상 말을 맞출 필요가 있는 경우를 제외하고는 ― 원본 그대로 이 축소판에다가 옮겨 놓기로 했다. 특히 현재에 있어서 교회가 무엇이냐 하는 중요한 원칙 면을 집중적으로 다룬 것은 그 나름으로 좋은 점도 있다. 아마 이로 인해서 오늘날 교회가 어떠해야 하느냐, 즉 어디까지 **보존**되어야 하고 어디까지 **변화**되어야 하느냐 하는 깃이 너욱 뚜렷하고 더욱 의도적으로 부각되었을 줄 안다. 그러나 더러 독자들 중에는 원저를 찾아서 몇 군데는 항목 전부를 읽고 싶은 이들도 있을 것이다. 자주 이 책에서 논증이 충분히 명석하지 못하거나 결론이 너무 모호하거나 실천적 적용이 애매한 경우에는 거기서 대답을 찾을 수 있을 것이다.

교파간에 이론異論이 많은 문제를 다룬 이 책이 가톨릭과 개신교의 출판사에서 동시에 나올 수 있다니 특별히 기쁜 일이다. 에큐메니즘을 염두에 두고 체계적인 교회론을 시도한 이 책의 원저가 가톨릭과 개신교 그리스도 신자들에게서 놀랄 만큼 많은 동의를 얻었다고 감히 말할 수 있으려니와 ― 또 아마 양편 신학의 관계에는 이미 새날이 환히 밝았다는 한 표징이라고도 할 수 있으려니와 ―, 이제 신학과 더불어 양편의 굳은 교파체제와 그

대표자들도 이제까지보다는 더 빠르고 더 힘차게 에큐메니즘 운동에 참여하는 데에 이 축소판이 조금이나마 기여할 수 있기를 바란다.

한스 큉

1 변하는 교회

현대 교회의 과제

바야흐로 교회는 2000년의 연륜을 향해 내닫고 있다. 교회가 속해 있는 세계는 이미 새로운 미래가 시작되었다. 과학은 소우주와 대우주를, 원자(原子)와 만유(萬有)를 탐구하기 시작했다. 통신·교통 수단이 더욱 신속·편리해졌고, 새로운 도구와 합성물질이 풍부히 등장했으며, 생산수단이 합리화되었고, 인간 수명이 십 년 이상이나 연장되었으며, 물리학·화학·생물학·의학·심리학·사회학·경제학·역사학 등 제분야가 놀랄 만큼 발전했다. … 어떻든 대체로 — 20세기의 운명인 이 세계적 격동과 위협 속에서도 — 역사는 줄곧 숨가쁜 전진을 계속해 왔다. 고도로 산업화된 서구인들은 온 세계에 지식을 보급했고, 아시아·아프리카 사람들은 잠을 깨었다. 바야흐로 세계는 단일경제·단일문명을 이루고 어쩌면 단일문화까지 발생할 듯 하나가 되어가고 있다.

그러면 교회는 어떤가? 교회에도 새로운 미래가 시작되었는가? 어느 면에서는 그렇고 또 여러 가지 면에서 그렇지 못하다. 어떻든 교회는 싫든 좋든 새로운 세계적 추세를 외면할 수 없으며 다른 세계가 아니라 바로 이 세계에 살고 있다는 것만은 확실하다. 과도기란 으레 그렇거니와 우리 시대는 불안의 시대다. 과학과 기술의 큰 성과에도 불구하고 예술·영화·연극·문학·철학은 인간의 불안을 표현하고 있다. 이런 체험은 개인적으로나 민족적으로나 매 마찬가지다. 교회 역시 일견 항상 자신만만한 듯하나 같은 불안에 흔들리고 있다. 현대 세계의 불안을 안고 있는 사람들이 바로 현대 교회를 이루고 있기 때문이다. 그러나 이 불안은 좌절이 아니라 희망의 근거가 되는, 오히려 건전하고 유익한 불안일 수도 있다. 심각한 위기처럼 보이는 것이 때로는 새로운 생활의 계기가 될 수도 있고, 불길한 위협이 실상 발전의 기회가 될 수도 있는 것이다.

변했고 변하고 있는 현대 세계의 일부요 바로 이 세계를 위한 존재인 현대 교회는 실로 거대한 과업들을 안고 있다: 전통과 형식에 매여 생기를 잃고 경화된 백성을 쇄신·규합·소생시켜야 하고, 한때 그리스도교화했다가 이제는 신앙을 버리고 교회와 교회의 메시지를 멀리하고 있는 지식인·노동자·농민들에게 다시 복음을 전해야 하며, 갈라진 그리스도 신자들·그리스도 교회들의 재일치를 위한 에큐메니즘을 추진해야 하고, 이슬람·불교·힌두교 등 비그리스도교와 더불어 세상 일치의 전망 아래 거리낌 없는 대화를 나누어야 하며, 전쟁을 방지하고 평화를 증진하며 기아와 빈곤을 퇴치하고 대중을 교육하는 등 세계가 직면한 거대한 문제의 해결에 본연의 임무를 다해야 한다. …

과제가 많은 그만큼 계기도 많다! 만일 교회가 주님이신 그리스도보다는 교회 자신의 이론과 편견에, 형식과 법규에 사로잡혀 있다면, 당면 문제에 대처할 수가 없고 문제 해결의 계기를 얻을 수도 없다. 주님의 포로가 된 교회만이 인류가 요구하고 열망하는 바를 꾸준히 충족시키려는 자세를 갖춘, 참으로 자유로운 교회다.

교회의 형태는 변한다

교회라는 **개념**은 근본적으로 주어진 각 시대의 교회 형태에 의존한다. 교회는 역사상 자화상自畵像의 포로가 되기도 한다. 시대마다 특정한 역사적 상황에서 나온 교회상이 있다. 역사상 특정한 교회의 생활과 형식이 있고, 역사상 특정한 신학자들이 되돌아보거나 내다보는 교회관이 있다. 그러나 또한, 변화무쌍한 교회상의 온갖 정신사적·교회사적·신학사적 조류潮流와 역조逆潮에도 불구하고 변하지 않는 것도 확실히 있다. 그리고 이것이 우리가 특별히 주의를 집중해야 할 것이다. 이것은 교회 자체에서 나오는 것이 아니고 교회의 확고한 근원에서 나오는 근본 관점이요 근본 요소이며 "본질"이다. 이렇게 교회와 교회의 자기 이해 역사에는 불변의 요소가 있지만, 그것은 어디까지나 변하는 것 속에서만 나타난다. 그것은 다양한 변모 속의 동일성이요 갖가지 사건 속의 연속성이며 변하는 현상 속의 일관성이다. 요컨대 교회의 "본질"이 존재하되 그것은 형이상학적으로 움직일 수 없는 것이 아니라 항상 변화 가능한 역사적 "형태"로만 나타난다. 이렇게 정태적·고정적이 아니라 동태적·현상적이면서도 동시에 근원적·영속적인 "본질"이므로, 이런 "본질"을 발견하기 위해서야말로 계속 변하는 역사적 "형태"를 주시하지 않으면 안 된다. 동일·영속·불변한 것을 찾아내고 그것을 가변적·일시적인 것과 혼동하지 않기 위해서는 교회상이 내포하는 시간제약적 변화요소를 처음부터 고려하고 들어가지 않으면 안 된다.

변하는 역사적 양상 속에서 교회의 "본질"을 볼 때 비로소 우리는 교회를 파악할 수 있다. 우리가 이 책에서 출발점으로 삼고자 하는 것은 어떤 신학 이론상의 추상적인 천상天上의 이상적 교회가 아니라 이 세상과 이 세상의 역사 속에 있는 **현실** 교회다. 신약성서에서도 처음부터 어떤 교회론을 제시하고서 그것을 실현해 나가려 하지는 않았다. 처음에는 **현실**에서 출발했고 그다음에야 이에 대하여 반성하게 되었다. 현실 교회는 무엇보다도 하나의 현상이요 사실이며 역사적 사건이다. **현실 교회의 현실적 본질은 역사상의 형태로 나타난다.**

본질과 형태

❶ 본질과 형태는 **불가분**이다:

교회의 본질과 형태는 따로 나누어서 볼 것이 아니라 전체로 보아야 한다. 본질과 형태의 구별은 개념상의 구별이지 실재상의 구별은 아니다. 예나 지금이나 교회의 "**본질**" 자체가 역사적 양상이라는 강물에서 채취되어 화학적으로 순수하게 증류되어 나온 일은 한 번도 없다. 변하는 것과 불변하는 것은 깨끗이 구별되는 것이 아니다. 영속적인 요소가 있다고 해서 절대로 개혁 불가능한 영역이란 없다. 본질과 형태의 관계는 단순히 씨와 껍질의 관계가 아니다. 형태 없는 본질은 꼴이 없으니 비실재요 본질 없는 형태는 알맹이가 없으니 역시 비실재다. 역사적 형태가 상대적 현상이라고 해서 어딘가 그 "뒤에" 혹은 그 "위에" 존재하는 본질과 전적으로 무관한 것이라고 보아서는 안 된다. 교회의 "본질"에 관하여 현실과는 동떨어진 그저 해롭지 않은 신학 이론theologu-mena이나 답습하여 역사적 판단이나 결단을 회피하려 함도 너무나 안이한 태도라면, 역으로 근원에서 비롯하는 교회의 본질을 무시하고 무비판적이며 나태한 정신으로 교회의 현존 형태에만 집착하여 외적 활동에만 분주하거나 완전히 수동적 역할만 하려 함 역시 안이한 태도다. 교회의 본질을 역사적 양상의 뒤에서나 위에서 보지 않고 그 **안에서** 볼 때 비로소 **현실** 교회를 볼 수가 있는 것이다.

❷ 본질과 형태는 **같지 않다**:

교회의 본질과 형태는 동일시할 것이 아니라 구별해야 한다. 본질과 형태의 구별은 개념적이기는 하나 필요하다. 이 구별 없이 어떻게 교회의 변하는 양상 속에서 항존하는 요소를 가려 낼 수가 있는가. 또 어떻게 구체적인 역사적 양상을 판별할 수가 있는가. 역사적·경험적으로 나타난 교회 안에서 무엇이 바른 것인가를 어떻게 규명할 수가 있는가. 교회의 본질을 자신의 일부로 삼을 만큼 고스란히 품고 있는 교회의 형태란 — 신약성서에도 — 없다. 교회의 본질을 완벽하게 철저히 반영하고 있는 교회의 형태란 — 신약성서에도 — 없다. 불변하는 것은 아니나 영속하는 본질을 변하는 형태 속에서 식별해 낼 수 있을 때 비로소 **현실** 교회를 볼 수가 있는 것이다.

교회의 본질은 언제나 역사적 형태 안에서 보아야 하고, 역사적 형태는 언제나 본질을 출발점과 목표로 해서 이해해야 한다.

고대 교회상의 변화

이미 초대 교회의 교회론만 하더라도 차이와 변화가 뚜렷하다. 몇 가지만 비교해 보아도 이를 넉넉히 알 수 있다: 2세기의 호교론자護教論者들은 유스티누스Justinus의 몇 구절을 제외하면 "에클레시아ekklesia"라는 말을 전혀 사용한 일이 없으나 — 그들의 호교론은 교회가 아니라 유일신唯一神과 그리스도를 옹호하기 위한 것이었다 —, 그 후의 교부教父들에게는 교회가 신학 연구와 신·구약 성서 주석의 중요한 테마가 되었다. 처음 3세기 동안의 교회상教會像은 적대적인 이교도 국가와 교회와의 ― 온갖 박해 속에서 성취와 좌절을 동시에 맛보던 ― 대립관계로 나타난 반면에, 그후의 교회관은 승리의 열매를 맺은 국교國敎적 교회와 그리스도교적 제국帝國과의 조화라는 관점에서 규정되었다. 예컨대 로마의 히폴리투스Hippolytus에게는 로마제국이 그리스도의 왕국을 모방한 사탄의 나라였던가 하면, 교회사가요 궁정 주교인 에우세비우스Eusebius의 국가신학에서는 로마제국은 같은 시대에 일어난 그리스도교를 위해 길을 닦아 주는 하느님 뜻의 수행자요 그리스도교인인 황제는 무신앙과 거짓 신앙을 막는 교회의 옹호자이자 보호자였던 것이다.

　사도시대 교부들의 교회론이 백성들의 교화敎化를 위해 공동체의 지도자들에게 소용되는 것이었다면, 이레네우스 · 키프리아누스 · 아우구스티누스 등의 교회론은 제각기 직접 이단異端을 공격하는 무기였다. 진리란 눈에 띄지 않게 내적으로 점차 발전하면서 승리를 거두게 되는 것이라고 믿고 무엇보다도 교의敎義를 명료하게 정립하는 것이 가장 효과적인 방법이라고 ― 주로 그리스도론과 삼위일체론을 다루면서 교회론적으로도 ― 생각하고 있던 주지적主知的 풍토의 그리스계 신학자들과는 달리, 라틴계 신학자들은 자기가 속한 교회를 한 군대조직acies ordinata으로 보고 그리스도교와 교회의 현실을 전투적 승패와 상벌賞罰의 의미로 해석했으며 강력한 교회제도 위에 분명한 권리의 한계와 민활한 조직적 기능이 수립된다고 생각했다. 교회를 먼저 진리의 도장道場이요 영적 공동체라고 보는 ― 신플라톤 사상에 바탕을 둔 ― 교회론에서는 진리의 순수한 직관과 이해 및 성례전聖禮典의 상징적 구원 능력을 중요시하고 포괄적 세계관과 종교적 문화 공동체를 추구했던 반면에, 교회를 우선 질서정연한 법적 단체로 보는 ― 더 현실적인 로마인의 스토아 대중철학에 바탕을 둔 ― 교회론에서는 특히 교회 구성원의 성덕과 순종 및 엄격한 참회규칙과 명확한 생활규범을 갖춘 교회 질서를 중요시하고, 복음이란 지상의 하느님 나라 안에 거룩한 국가를 이룩해 가는 "새로운 법"이라고 보았다. 전자의 교회론이 순수 이상교회론과 성서해석의 독단적 우의론寓意論과 주지주의적 개선주의凱旋主義라는 플라토니즘의 아류亞流가 될 위험이 있었다면, 후자의 경우는 이론상으로나 실천상으로나 율법주의에 흘러 형식론적 합법주의 및 성직주의와 권위주의적·인습주의적 개선주의에 빠질 우려가 있었다.

　이 밖에도 여러 가지 다른 교회론을 지적할 수 있다. 3세기 알렉산드리아 신학, 특히 오리게네스는 신자들의 "일반 사제직"을 강조했다. 평신자와 성직자의 구별보다는 사려 없는 불완전한 신자와 지각(gnosis, 영지) 있는 완전한 신자의 구별을 중요시했고 교회 박사들이야말로 교회 내에서 가장 높은 지위에 있다고 생각했다(여기서는 교회의 직무란 무엇보다도 가르치는 직무였다). 한편 같은 시대의 아프리카와 특히 로마의 신학에서는 직무 관념과 그 법적 성격을 강조했다. 일반 사제직과 교회 내의 카리스마적 요소를 등한시했으며 교회의 최고 권위를 주교들에게 돌렸다(여기서는 교회의 직무란 우선 다스리는 직무였다). 교회 직무를 강조하는 데에도 여러 가지가 있을 수 있다. 가령 로마의 신학에 의하면 주교의 권위는 개인적인 덕행과는 상관없이 전적으로 그의 직위에서 나온다. 따라서 사도들의 계승자란 무엇보다도 역사학적·교회법적으로 이해되고, 그들의 직무 수행은 일차적으로 법규와 바른 형식에 의하여 평가된다. 그러나 가령 테르툴리아누스를 따른 키프리아누스의 견해에 의하면 카리스마적 자격도, 따라서 개인적인 성덕도 주교의 권위에 있어서 결정적으로 중요한 요소가 된다. 여기서는 사도들의 계승이란 동시에 영적靈的 계승이 아닐 수 없으며 그 직무 수행에는 개인적인 자격도 본질적으로 중요한 의의를 가지게 된다. 이 직무 신학은 또다시, 교회일치를 보존하는 기능이 일차적으로 **주교직**主教職에 있다고 보느냐 아니면 **로마 주교**에게 있다고 보느냐에 따라 달라진다. 즉, 전자의 견해로는 인간 베드로는 교회일치의 **상징**이고 그의 후계자들은 일종의 명예직으로서의 수반首班 자격이 있을 뿐이며(키프리아누스 등, 특히 동방 신학자들), 후자에 있어서는 베드로 자신이 바로 교회일치의 **수임자**受任者로 통하며 그 후임자들에게는 법적 수위권이 인정되고 있다(스테파누스 1세가 교종教宗으로서 최초로 베드로의 수위권을 주장한 이래로 시리키우스 1세, 인노켄티우스 1세, 켈레스티누스 1세, 레오 1세에 이르면서 점점 더 뚜렷해졌다).

중세 교회상의 변화

중세의 교회론에도 여러 가지 변화와 차이가 현저하다. 10세기 이전의 교회론은 체계 없이 교회생활에서 생겨났고 특별히 강조되지는 않았으며 구속救贖 교리와 함께 취급되었다. 그러나 보니파시우스 8세와 필립 4세의 싸움과, 거기에 관계한 신학자들(베테르보의 야코부스, 로마의 아이기디우스, 파리의 요하네스) 이래로는 으레 교회론이 교회 가르침의 요소가 되었고 의식적으로 체계화되었으며 따로 상술된 논문으로도 발표되었다. 그중에는 교회의 법적 구조를 비교적 중요시하지 않는 경우도 있었고(도이츠의 루페르투스와 피오데의 요아킴 등), 바로 조직신학에서까지 교회의 법과 제도적인 면과 성직자의 권력과 권위를 특별히 강조하는 경우도 있었다(중세 교회 법학자들은 물론, 특히 토마스 아퀴나스도 교종의 권위에 복종하는 것이 구원을 위하여 필요하다고 했다).

교회론에서 교회법이 종속적 봉사기능을 하느냐 아니면 우위의 지배기능을 하느냐 하는 것도 결코 사소한 문제는 아니었다. 특히 볼로냐에서 교회법학이 일어난 이후로는 후자의 견해가 우세했다. 이 경우에는 교회법이 교회론에 자료를 제공해 주고, 동시에 확정된 개념과 형식에 의하여 교회론을 고정시키며, 인간이 정한 법을 신학연구의 한계로서 설정하는 것이었다. 주교의 지위가 강화되는 방법도 각기 달랐다. 예컨대 바오로의 제자인 아레오파고의 디오니시우스를 가장한 6세기의 한 신플라톤주의자(僞 디오니시우스)는 교회 의식(儀式)을 장황하게 신비적으로 설명하여 주교를 신비력의 소유자로 칭송했다. 여기서 교회 공동체는 특히 예배 의식의 신비에 의하여 주교와 결합되어 있으며, 교회 조직은 천상의 위계질서를 반영하는 것으로 묘사되어 있다. 그러나 또 세비야의 이시도루스이라고 생각되던 중세 초기 프랑크 왕조의 한 법학자(僞 이시도루스)는 교회법의 문장을 교묘하게 변조하여 주교를 모든 권리의 소유자로 만들었다. 여기서 교회 공동체는 "열쇠의 권능"에 의하여 주교와 결합되어 있으며, 교종 수위권은 — 국가로부터의 독립을 촉진하기 위하여 — 단연 강화되어 있는 반면에 각국 수좌(首座) 주교와 지역 종교회의는 단연 약화되어 있다.

카를루스 대제 치하에서는 온 교회의 사실상의 지도권이 **황제**에게 있었다. 카롤링 왕가의 신학자들은 황제를 교회의 보호자요 지도자라고 불렀다. 주교들은 황제를 통해야 권리를 보유하고 종교회의를 소집하며 교종을 선출할 수 있었다. 그러나 카를루스 대제 후에는 **교종**에게 주도권이 되돌아갔다. 이것은 교종을 "온 세상의 군주"라고 부른 니콜라우스 1세에서 비롯하여 활기를 띠게 되었다. 상황에 따라 그 배후의 교회관도 달랐다. 그레고리우스 이전의 작센족과 살리족의 황제들은 왕직과 사제직의 조화라는 사상을 옹호·전개시켰다. 그것은 현세의 통치자가 신성한 사제적 지배권을 가지고 있는 자("주님의 기름부음을 받은 자"요 "그리스도의 대리자")로서 주교를 임명하고 교종을 즉위 또는 퇴위시킬 수 있다는 것이었다. 그러나 그레고리우스 7세와 서임권敍任權 분쟁에 관여한 그의 지지자들은 중앙집권화된 새로운 교회법을 내세워 기존의 군주와 귀족들의 권리에 대항하고 왕국으로부터 독립을 주장하는 위계적 교회를 옹호하는 동시에, 교종은 "세계 모든 왕국의 군주"로서 정치권력에 대해서도 사제적 지배권을 행사할 수 있으며 사후 책임을 지지 않고 왕과 황제들을 퇴위시킬 수가 있다고 주장했다. 교회론이 ― 고대 교회의 경우처럼 ― "아래로부터", 즉 하느님의 백성으로서의 교회로부터 전개되느냐(여기서는 교회 직무란 모두가 백성에게 봉사하기 위한 것이다), 아니면 ― 그레고리우스 7세 이래 위僞 이시도르에 근거한 주장처럼 ― "위로부터", 곧 교종으로부터 유도되느냐(여기서는 교종이 교회 내의 모든 권위와 권력의 머리요 바탕이요 뿌리요 샘이며 근원이다) 하는 것은 극히 중대한 차이를 낳는 문제다.

공의회 개념 역시 교회론과 밀접한 관계를 가지고 대단한 변화를 겪었다. 12세기의 「그라티아누스 법령집」 주석가들(피사의 후고, 요하네스 테우토니쿠)에서 비롯하여, 교회에 법인法人 개념을 도입한 13세기의 교회법 전문가들(특히 호스티엔시스 및 탄크레두스, 베르나르두스 파르멘시스)을 거쳐, 14세기와 그 당시의 콘스탄츠 공의회의 본격적인 공의회주의자들(갤른하우젠의 콘라트, 랑엔슈타인의 하인리히, 님의 디트리히, 장 제르송, 피에르 다이이 추기경, 안드레아스, 란둘프, 프란체스코 차바렐라 추기경)에 이르는 변화가 바로 그것이다.

근대 교회상의 변화

마지막으로, 근대 가톨릭 교회론의 변화와 갈래도 실로 다양하다. 교부시대와 중세의 교회론이 상당히 거시적인 견해와 폭넓은 관점을 특징으로 했다면, 반종교 개혁의 많은 논쟁적 신학자들의 교회론은 여러 가지 쟁점을 중심으로 세분화했다.

트리엔트 공의회는 중심 쟁점이던 교종권 문제를 교리적으로 언급하기를 피하더니, 1차 바티칸 공의회는 처음에 다소 주저하다가 결국 이 문제에 직접 부딪쳤고 이 문제가 교회론에 관한 중요한 문제들 중 유일하게 교의로 선포된 주제가 되었다. 그리고 그 배후에는 두 가지의 상이한 교회론이 숨어 있다. 정치적 영향을 매우 많이 받은 갈리아주의자(필립 4세의 법률가들과 종교 개혁 이전의 갈리아주의에서 비롯하여 루이 14세 치하의 피에르 피투, 에드몽 리셔, 자크 보쉬에를 거쳐 19세기의 갈리아주의에 이르렀다)들의 교회론은 ― 특히 17,8세기의 교회사 연구 이래로 ― 고대 교회의 교회상에서 영감을 받았고, 고유한 전통과 관습과 관례를 지닌 지방교회의(따라서 지방 주교단과 지방 종교회의의) 자율성을 강력히 주장했다. 이에 반하여 교종 지상주의자Ultramontanist들의 교회론은 ― 역시 정치적으로 영향을 받아 ― 프로테스탄트 · 갈리아주의자 · 얀세니스트 기타 독일과 오스트리아에서도 나타난 여러 가지 형태의 주교 지상주의Episcopalism에 대항하여 갈수록 더 호교론적 경향의 교종 권위론에 빠지고 있었다.

계몽주의자들의 교회론과 그후의 자일러Johann Michael Sailer의 교회론도 아주 다르다. 전자는 자연법을 지향하고 있으며 무엇보다도 법적인 관점에서 교회를 다양한 권리가 구비된 사회로 본 반면에, 후자는 신앙부흥 운동과 신비주의와 낭만주의의 영향 아래 교회를 윤리적인 면에 앞서 종교적인 면에서 살아있는 신심信心의 살아있는 매개자로 보았다. 19세기에 나타난 프랑스 교회 복고운동復古運動의 교회론과 독일 튀빙겐 학파의 그것도 크게 다르다. 전자는 과거 지향적이었다. 특히 드 메스트르J. de Maistre는 당시의 민주주의 조류에 대항하여 절대군주 사상을 유럽 그리스도교의 토대라고 주장하면서 절대군주적 주권 개념을 교회 내 교종의 지위에 적용했다. 한편 후자는 미래 지향적이었다. 특히 소장少壯 신학자 묄러Möhler는 직무와 제도를 중심으로 외면화된 성직주의적 교회론을 극복하여 교회란 성령에 의하여 사랑 안에 일치된 신앙인 공동체이며 교회의 모든 직무는 바로 이 공동체에 봉사하기 위해 있는 것이라고 보았다.

여러 공의회 교부들이 그리스도의 몸이라는 "모호한" 개념을 교회론 초안의 출발점으로 삼을 수는 없다고 한 1차 바티칸 공의회와, 교회론 전체를 신비체의 관점에서 설명하려 한 회칙「그리스도의 신비체Mystici Corporis」는 얼마나 판이한가! 명시적으로나 암시적으로나 여러 점에서 논쟁거리가 된 이 회칙과, 더 에큐메니칼한 방향을 취한 2차 바티칸 공의회의 〈교회헌장〉은 또 얼마나 다른가! 이 헌장은 이전의 교회론의 많은 편견을 바로잡았고, 교회의 본질을 달리 표현하는 가장 오래된 개념인 하느님 백성이라는 개념을 출발점과 중심점으로 삼았으며, 그럼으로써 한편으로는 교회로서의 평신자의 지위와 그 봉사자로서의 성직자의 지위를, 다른 한편으로는 교종의 직무와 관련해서 주교의 지위를 명시했던 것이다.

근대 교회에도 천태만상의 교회상들을 낳은 기라성 같은 사람들이 있다: 에라스무스와 요하네스 엑크와 벨라르미누스, 『준주성범 Imitatio Christi』의 저자와 로욜라의 이냐시오, 스페인의 이단 심문관들과 그들의 박해를 받은 신비가들, 수아레즈와 바로크 시대의 스콜라 학자들과 독일 계몽주의 신학자들, 프랑스의 왕실 법률가들과 소르본느의 신학자들, 보쉬에와 파스칼, 드레이 · 묄러 · 히르셔 · 쿤 · 슈타우덴마이어 등 튀빙겐 학자들과 페로네 · 슈라더 · 파살리아 · 프란젤린·쉐벤 등 로마 학자들, 라 메네와 뷔요와 마레, 뒤팡루와 블롱델, 매닝과 워드와 뉴먼, 칼 아담·에밀 머쉬와 2차 바티칸 공의회의 주교와 신학자들! 그리고 말할 나위도 없이 개신교의 루터와 쯔빙글리와 칼뱅, 신·구 자유교회파들과 신앙부흥 운동가들!

현실의 에클레시아*ekklesia*가 변하듯이 에클레시아론Ekklesiologie도 변한다. 지금까지 열거해 온 다소 복잡한 역사적 개관은 교회론의 역사적 시야를 전개, 아니 요약해 본 것에 불과하다. 그러나 여기서 전제가 되는 중요한 것은 개개의 교회상들을 나열하는 순서가 아니라 교회의 시초부터 오늘에 이르기까지 일어난 하나의 사건의 교회사적·신학사적 관련성이다. 이 사건, 이 과정은 하나의 상승인가, 하락인가, 아니면 하나의 파동인가? 하나의 진자 운동인가, 원주 운동인가, 아니면 하나의 나선 운동인가? 어떤 역사철학적 도식도 이 사건을 포괄적으로 규명하기에는 부족하다. 상승에는 으레 하락이, 하락에는 항상 상승이 있다. 그리고 이 상승과 하락은 차례로 일어나는 파상운동이 아니라 하나의 운동 안에 나타나는 복잡한 변화다. 그것은 항상 변증법적 진사운동이요, 동시에 근원에의 순환적 회귀이자, 미래에의 신학적 전진이다. 그것은 거듭 새로이 변하면서 복잡하기 이를 데 없는 변용과 대립을 나타내지만, 그래서 자주 식별하기조차 어렵지만, 필경은 모든 것을 포용하고 있는 하나의 테마에 관한 것이다. 즉, 교회론이란 — 교회 자체가 인간을 위한 인간의 것이요, 시간과 세계 안에, 즉 끊임없이 변하는 인간세계의 반복 없는 현재 안에 존재하는 것인 이상 — 본질적으로 **역사적**이라는 것이다. 교회의 "본질"은 불변하는 플라톤적 이상천국에 있는 것이 아니라 오직 교회의 **역사** 안에 있다. 현실 교회는 비단 역사를 **가지고** 있을 뿐만 아니라 역사가 발생하는 가운데 존재한다. 교회론은 불변하는 형이상학적·존재론적 체계로서 존재하는 것이 아니라 오직 교회사와 교의사와 신학사와의 관계 속에서 본질적으로 역사의 제약을 받는다.

전통주의와 현대주의

이처럼 모든 교회론이 제각기 특정한 타입과 스타일이 인정될 수 있는 한편, 항상 새로이 역사의 제약을 받고 있다는 것은 예외가 있을 수 없는 기본 사실이다. 이것은 비단 각 신학자가 저마다 다른 관점에서 다른 각도로 교회를 보게 된다는 말만은 아니다. 오히려 중요한 것은 — 초개인적인 관련성도 존재하는 이상 — 교회론이 교회도 그 일부인 세상 안에서 이루어진다는 사실이다. 교회론은 제각기 역사적으로 새로운 구체적 장소에서, 저마다 다른 언어로, 변화무쌍한 정신풍토에서, 날로 새로운 세계와 교회의 현실 속에서 이루어진다. 교회론은 끊임없이 변하는 역사적 상황에 대한 응답인 동시에 요구다. 따라서 그것은 — 새로운 상황을 무시하거나 방치하지 않으려면 — 끊임없이 새로운 구상構想과 형상화形象化와 자유로운 결단을 필요로 한다. 교회론은 교회 자체와 더불어 필연적으로 계속되는 변화의 영향을 받고 있으며 따라서 언제나 새로이 시도되어야 한다.

낡아 버린 과거를 보존하려고 새로운 현재의 요구에는 무심한 보수적 태도와, **살아 있는** 과거를 무시하고 일시적인 현재의 새로운 변화에 지나치게 몰두하는 급진적 태도와의 중도中道를 걷기란 쉬운 일이 아니다. 교회론 자체를 처음부터 영구불변한 것으로 생각하여 무비판적으로 과거의 특정한 시대와 문화에 매이는 **전통주의** 교회론에서 역사성이 몰이해되고 있다면, 현재의 시대와 문화에 적응한다고 하여 역시 비판 없이 유해무익한 가변적 현실에 좌우되는 **현대주**

의 교회론에서도 역사성이 몰이해되고 있다. 교회 자체와 마찬가지로 교회의 자화상인 교회론도 특정한 상황에 매여 있어서는 안 된다. 특정한 세계와 시대의 설계와 신화, 환상과 결단, 이미지와 카테고리에 영합해서는 안 된다.

교회의 본질을 규정하는 근원

그러나 교회론은 그 근원인 "교회의 근원"에서 그야말로 역사적으로 영향을 받을 수 있고 또 받아야 한다. 이 근원은 단순히 역사적 현실에 있는 것도 아니고, 더구나 철학적으로 성립 또는 해석되는 초월적인 ─ 교회사의 방향을 좌우하는 ─ "원리"에 있는 것도 아니다. 오히려 전혀 구체적으로 "주어진" 것이요 "제정된" 것이며 "맡겨진" 것이다. 교회가 이해하는 신앙에 따라, 역사 안에 활동하는 하느님 자신의 권능이 예수 그리스도를 통해 인간 안에, 인간을 위해, 결국 인간을 통해 구체적으로 나타난 것이다. 예수 그리스도를 통한 하느님의 구원활동에 의해 결정된 이 교회의 근원은 단순히 역사의 첫 순간 또는 첫 단계에 그치는 것이 아니다. 그것은 교회의 모든 순간의 온 역사를 규정한다. 교회의 본질을 규정한다. 그러므로 현실 교회는 그 근원을 등한시하거나 거기서 완전히 멀어질 수 없다. 이 근원으로 말미암아 교회의 모든 역사적 양상과 모든 변화와 모든 일시적 우연성偶然性 속에 항상 참되고 계속 타당한 것이 주어진다. 교회의 본질은 주어져 있을 뿐 아니라 맡겨져 있다. 세상을 위해 존재하는 교회가 세계사의 변화 속에서 그 근원적 본질에 충실할 수 있는 것은 부동성immobilismo에 있는 것이 아니라 적응성aggior–namento에 있다. 교회는 항상 새로이 새로운 날giorno에 참여해야 하고, 항상 새로이 역사의 변화와 인간생활의 변모에 적응해야 하며, 항상 새로이 개혁과 쇄신과 재고를 해야 하는 것이다.

교회가 숙고해야 할 일은 현재 실태에서의 출발이요 과거 근원에의 조회照會이며 미래 교회상의 추구이다. 교회의 존망存亡은 예수 그리스도와 그의 메시지 안에 있는 그 근원과 밀접하게 결부되어 있다. 교회의 존립근거는 결정적으로 타당한, 따라서 지금도 타당한, 예수 그리스도를 통한 하느님의 구원활동이다. 근원을 되돌아봄은 언제나 필요한 일이다. 그것은 어느 시대의 교회에 있어서나 조회의 근거로 존속하고 있는 **신앙의 원초적 증언**에서 구체화된다. 원초적이기에 이 증언은 비할 데 없이 독특하며, 비할 데 없이 숭고하기에 그것은 생생한 구속력을 가지고 계속 모든 시대의 교회 판단의 기준이 된다. 이 원초적 증언, 원초적 메시지를 우리에게 전해 주는 것은 구약성서와 신약성서다. 다른 모든 교회 전통은 그것이 아무리 심오하고 탁월한 것이라 하더라도 근본적으로 이 하느님의 말씀의 원초적 증언을 중심으로 이 원초적 메시지를 ― 제각기 다른 역사적 상황에 따라 ― 해석·주석·설명·적용한 것밖에 아무것도 아니다. 이 원초적 메시지는 바로 줄곧 변천하는 교회 선교의 상황에 의하여, 계속 변모하는 일상생활의 질문과 문제와 요구들에 의하여 그 깊이가 드러난다. 모든 주석과 해석, 모든 설명과 적용은, 원초적인 생명력과 박진한 구체성과 탁월한 현실성을 가지고 증언하는 성서의 메시지에서 거듭 새로이 그 판단 기준과 정당성을 찾아야 한다. 성서는 교회 전통을 "규정하는 규범"norma normans이며, 전통은 "규정된 규범"norma normata으로 보아야 한다.

근원적 설계의 현대적 적용

그러나 분명히 말해 두자: 시대가 변하고 교회가 변하고 교회의 자기이해가 변하는 속에서 신약성서에 나타난 실제의 교회 — 이 역시 이미 변화와 복잡한 다양성을 보이고 있었다 — 에 대하여 숙고한다는 것, 그것은 옛것일수록 더욱 완전하며 원시교회야말로 "황금기"의 교회라고 찬양하는 낭만적 호고好古 취미의 교회론을 의미하는 것이 아니다. 오히려 역사에 입각한 신학이 지켜야 할 중대한 의무는, 어느 한 시대에 — 설사 가장 오래된 시대라 하더라도 — 집착하지 않고, 오로지 예수 그리스도의 교회의 근원이 되었었고 또 나날이 살아 있는 교회의 근원이 되고 있는, 하느님 자신의 생생한 종말론적 말씀인 예수 그리스도의 복음을 밝히는 일이다. 어느 그리스도교 신학이 이러한 연구태도의 의무에서 면제될 수가 있는가!

신약성서를 숙고한다는 것은 그러므로 2세기의 유대계 그리스도인이나 16세기의 재침례파再浸禮派처럼 비역사적으로 신약성서의 교회를 반복·재생하는 것을 뜻하는 것이 아니다. 신약의 교회는 우리가 시대의 변화와 새로운 상황을 무시하고 무조건 따라야 할 모델이 아니다. 예수의 말씀을 인용하여 되풀이하는 것도 그 자체가 유익한 것은 아니다. 문자는 죽이고 영靈은 살린다는 것은 교회론에서도 예외가 아니다. 교회가 그야말로 자신의 본질에 충실하려면 단순히 과거만을 고수해서는 안 된다. 역사성을 지닌 교회로서 항상 변하는 세계, 항상 과거가 아닌 현재에 사는 세계 속에서 본연의 사명을 수행하기 위하여 스스로 변해야 한다.

그러나 또 한편 우리가 신약성서의 교회를 숙고해야 한다는 것은 교회의 수시로 진행되는 발전상이 모두 신약성서에 의하여 허용될 만한 것은 아니라는 것을 의미한다. 교회사에는 과오도, 퇴보도 있어 왔다. 원초적 증언인 신약성서의 메시지는 변하는 역사 안에서 언제나 최고심最高審의 구실을 한다. 그것은 만대의 교회를 평가하는 규범이다. 예수 그리스도에게 바탕을 둔 근원에서 비롯하여 이미 교회의 본질을 충만히 지니고 있는 신약성서상의 교회는 오늘날 우리가 그대로 본뜰 것은 아니라 하더라도 오늘의 우리 시대에 맞게 변형시켜서 적용하여야 할 근원적 설계다. 신약성서상의 교회 이외에 교회의 근원적 설계가 될 수 있는 것이란 아무것도 없다.

2 교회를 믿을 것인가?

교회 – 찬양의 대상?

이 문제의 서론격으로 영국의 사학자요 정치가인 매콜리Thomas B. Macaulay의 말을 넉넉히 인용해 두는 것이 좋겠다: "예나 지금이나 이 지상에서 로마 가톨릭 교회만큼 고찰해 볼 만한 가치가 있는 인간정책의 업적은 없다. 이 교회의 역사는 인류문명의 양대兩大 시대를 연결하고 있다. 판테온에서 희생제물의 연기가 일고 원형극장에서 호랑이와 기린이 뛰는 것이 보이던 시대들을 회상시키는 제도로서 지금도 그대로 존속하고 있는 것은 이 밖에 둘도 없다. 역대 교종의 계보系譜에 비하면 당당한 왕실들도 어제의 일이다. 이 계보는 19세기에 나폴레옹을 대관戴冠한 교종에서 8세기에 페핀을 도유塗油한 교종에 이르기끼지 끊임없이 거슬러 올라간다. … 오래되기로는 베니스 공화국이 둘째이나, 이 역시 로마에 비하면 얼마되지 않는다. 베니스 공화국은 사라졌지만, 교종직은 남아 있다. 교종직은 쇠퇴한 것도 단지 오래되기만 한 것도 아니고 충만한 생명과 청춘의 정력을 가지고 상존하고 있다. 오늘도 가톨릭 교회는 저 아우구스티누스와 함께 켄트에 상륙한 이들처럼 열렬한 선교사들을 세상 끝까지 보내고 있고, 아직도 가톨릭 교회는 저 레오 1세가 아틸라와 맞서던 정신으로 용감하게 적대적인 집권자들과 대항하고 있다. … 오랜 교회의 지배가 종말에 가까워오고 있다는 아무런 징조도 나타나지 않고 있다. 가톨릭 교회는 현재 세계에 존재하고 있는 모든 정부들과 모든 교회들의 시작을 보았거니와, 우리는 교회가 이 모두의 종말도 보지 않으리라고 장담할 수 없으리라. 가톨릭 교회는 작센족이 영국에 발을 딛기 전부터, 프랑크족이 라인강을 건너기 전부터, 그리스인의 웅변이 안티오키아에서 꽃피고 메카의 사원에서 우상이 숭배되고 있을 때부터, 이미 거대한 존재로 나타나 존경을 받았다. 아마도 교회는 언젠가 한 뉴질랜드의 여행자가 바오로 성전의 폐허를 스케치하려고 광막한 고요 속에서 런던 브릿지의 부서진 아치 위에 자리를 잡게 될 때에도 여전히 쇠하지 않은 정력을 가지고 존속하리라."

여기에 **현실** 교회가 있지 않은가! 매콜리의 미문美文이 서술하고 있는 것은 전후前後의 다른 사람들도 느끼고 자주 표현한 바 있다. 그리고 그것은 — 소리야 크든 작든, 태도야 열렬하든 조심스럽든 — 하나의 **찬양**이다. 무엇 때문에 찬양하는가? 유난히 줄기차게 이룩되어 온 역사, 우러러볼 만한 연륜과 생기발랄한 청춘, 보잘것없는 뿌리에서 솟아나 온 세상에 퍼진 강력한 조직, 수억의 신도와 질서정연한 교계제도, 풍부한 전통과 고상하고 장엄한 의식, 심오한 신학적 교리체계, 광범한 세속문화를 육성해낸 서구 그리스도교계의 위용, 현대적 사회교리 …. 그러나 매콜리와 그 밖의 수많은 사람들이 가톨릭 교회를 보고 탄복하면서도 거기에 속하기를 원치는 않았다. 가톨릭 교회를 찬양하면서 가톨릭 신자는 아닐 수도 있다. 또 아마 가톨릭 교회를 찬양하지는 않으면서 가톨릭 신자일 수도 있을 것이다. 어떻든 가톨릭 교회 안팎에서 볼 수 있는 이런 찬양이 교회와의 관계에 결정적인 역할을 하는 것은 아니다. 그것은 그리스도교 신앙과 본질적으로는 관계가 없고, 역사상의 다른 제도와의 관계에서도 나타날 수 있는 하나의 사회심리적 현상일 뿐이다. 그것은 대영제국을 찬양하는 것이나 마찬가지다. 영국인이 아니라도 영국의 유서깊은 역사·정치·조직·문화적 공헌을 찬양할 수가 있다. 찬양한다고 반드시 어떤 의무가 따르는 것은 아니다. 자기 개인 존재와는 아무 관계를 인정하지 않고도 얼마든지 이 모든 것을 찬양할 수가 있다. 마찬가지로 어떤 이가 어떤 웅장한 이국 교회를 찾아가서 둘러보고는 과연 대단하구나 하고 유심히 탄복해 마지않는다고 해서, 반드시 그가 그 교회를 자기의 고향이 될 수 있다고 생각하는 것은 ― 이유는 각기 다르겠지만 ― 아니다.

이런 찬양과 감탄은 근본적으로 모두가 외양外樣에 대한 것이다. 외양도 교회의 일부이기는 하나 그것이 교회의 내용은 아니다. 외양에 대한 태도는 아무래도 좋다. 가톨릭 교회가 만일 이렇다 할 역사의 조직, 예술과 학문, 문화적 업적과 화려한 의식이 적거나 없었던들, 오히려 더욱 가톨릭 교회다운 교회가 되지 않았을까. 사실 수세기 동안 가톨릭 교회는 이런 것들 없이 존재했었다. 앞으로도 어쩌면 또 그렇게 될지 누가 아랴. 외모만 보아서는 피상적인 면에 머물 뿐 ― 물론 이 역시 매우 현실적이기는 하나 ― 참으로 내적인 본질을 꿰뚫어보지는 못한다. 이 내적 본질을 보기 위해서는 역사가나 문화철학자·심미가·사회획지·정치가의 눈만으로는 부족하다. 외적 구조 안에 있는 진정한 내적 본질은 그리스도 신자의 신앙의 눈으로만 볼 수가 있는 것이다.

교회 - 비판의 대상?

나아가 감탄의 대상이 되는 이 교회의 외모는 스캔들이 될 수도 있다. 교회의 외모가 누구에게나 그를 안으로 불러들이는 현관 구실을 하는 것은 아니다. 많은 사람들이 교회의 외양은 내면을 보지 못하게 하는 육중한 담장이라고 주장하고 있다. 위에서 본 것처럼 가톨릭 교회의 역사는 적극적인 면에서 볼 수도 있다. 그러나 소극적인 면에서 보는 이들도 많다. 이들은 교회가 역사를 형성하고 지배해 온 전과정에서 오히려 역사에 유혹되고 굴복해 온 모습을 보고 있다. 교회의 강력한 조직에서는 현대적 수단을 이용하는 권력기구를, 막대한 숫자의 신도들에게서는 천편일률의 전통교회를, 교계제도의 정연한 질서에서는 허식과 권력을 탐하는 관료주의를, 화려한 의식에서는 중세의 바로크 전통에 매여 복음과는 거리가 먼 형식주의를, 통일된 교리체계에서는 비역사적·비성서적으로 공허한 철학적 개념에 의하여 조작된 엄격한 권위주의적 스콜라 신학을, 서구 문화에 공헌한 업적에서는 세속화와 본연의 직무의 유기를 ….

교회의 지혜와 권위와 업적을 찬양하고 교회의 찬란함과 감화력과 특권을 경탄하는 이들이, 구태여 교회의 유대인 박해와 십자군 행렬을, 이단자 재판과 마녀 화형을, 식민주의와 "종교전쟁"을, 개인과 사상에 대한 그릇된 단죄를, 노예문제·전쟁문제·사회문제에 있어서 또는 특정한 사회제도·정치체제·이념체계와의 영합에 의하여 저지른 수많은 과오들을 상기할 필요가 있을까? 그러나 한편, 교회의 광채가 아무리 찬란하다지만 이 인간적인, 너무나 인간적인 현실의 대해大海를, 온갖 잔인과 위협과 편협을, 갖은 해태와 비굴과 용렬을, 사랑의 결핍을 간과할 수가 있을까? 그렇다, 매콜리와 그 밖의 많은 이들의 온갖 찬양과는 반대로, 매콜리와 같은 세기의 키르케고르·도스토예프스키 같은 이들과, 금세기의 바르트·본회퍼·베르나노스·슈나이더·뵐·아메리·호흐후트 등은 불만을 토로하고 있다. 이들과 더불어 과학자·의사·심리학자·사회학자·언론인·정치가·노동자·지성인 등 각계각층의 남녀노소들이, 교회 생활을 하거나 안하는 많은 가톨릭 신자들이 교회를 비판하고 있다: 빈약한 설교를, 부적당한 예배 형식을, 외면화된 신심 활동을, 본래의 정신을 잃은 전통을, 틀에 박힌 권위주의적 교조敎條를, 실생활을 떠나 결의론決疑論에 빠진 윤리를, 기회주의와 편협을, 각급 교회 직무 담당자들의 형식주의와 오만한 태도를, 교회 내의 창의적 인물의 결핍을 ….

여기서 여러 가지 호교론이 나올 수도 있다. 교회에 대한 비난 중에는 종종 무식하고 과장되고 일방적이며 불공정한, 흔히는 거짓되고 더러는 악의에 찬 것도 있음을 아무도 부인할 수 없다. 이런 경우에는 언제나 대답이 가능하다. 여기서는 변명과 옹호와 정당화가 제격이다. 그러나 한편 교회에 대한 비판의 대부분이 정당하고 근거있고 요컨대 옳은 말임을 누가 부인할 수 있는가. 이런 경우에는 어떤 호교론도 무익하다. 어떤 이가 왜 자기는 애당초 또는 이제부터 교회에 발을 들여놓지 않겠다는지, 왜 교회를 멀리하는지, 진심으로 이유를 들어 — 혹은 공감은 하노라고, 혹은 관심이 없노라고, 혹은 반대하노라고, 심지어 증오하노라고 — 설명할 때, 교회의 신자는 대체 그에게 무슨 말을 할 것인가. 더구나 이 신자 자신이 만일 자기 교회가 어떤 다른 종교나 신심 단체보다 훌륭한지, 어떤 다른 사회나 제도보다 종교적 욕구를 충족시키기에 나은지, 심각한 — 양심적으로 있을 수 있는! — 의문에 빠질 때, 그는 자기자신에게 무엇이라고 말할 것인가.

교회는 찬양의 대상이 될 수 있을 뿐 아니라 추문의 대상이 되거나 적어도 **비판** — 실망이든 불만이든, 한심해서든 씁쓸해서든 — 의 대상이 될 수 있다. 찬양에 근거가 있다면 비판에도 근거가 있다. 교회의 일원이 아니면서 교회를 찬양할 수도 있듯이 교회의 일원이면서 교회를 비판할 수도 있다. 찬양과 마찬가지로 비판도 교회 안팎에서 다 있을 수 있으며, 그것이 교회와의 관계에 궁극적으로 중요한 구실을 하는 것은 아니다. 비판 역시 일차적으로는 신앙과 본질적인 관계가 없는, 다른 역사상의 제도와의 관계에서도 있을 수 있는, 하나의 사회심리적 현상일 뿐이다. 국가에 대해서도 자기 국가를 비판하고 그 약점과 실정失政, 그 역사와 헌법과 정책을 비판하면서도 그 국가의 국민일 수 있고 또 국민이기를 원할 수도 있는 것이다.

본질과 비본질

피상적인 찬양처럼 비판도 옳기는 하나 외형만을 대상으로 하는 때가 자주 있다. 특정한 역사적 양상일 뿐 영속적 본질에 속하지는 않는 겉모습을 비난하는 수가 있다. 그러나 여기에는 동시에 또 다른, 피상적인 찬양을 불가능하게 하는 요소도 숨어 있다. "본질"과 "형태"라는 개념을 면밀히 구별해서 이해한다고 해서 교회의 실상實相이 충분히 설명되지는 않는다. 전혀 또는 별로 표면적인 찬양의 대상은 되지 못하고 비난의 대상만 되는 그런 부정적인 면이라고 해서 거기에 교회의 역사적인 "형태"만 있는 것은 아니다. 교회의 역사적 형태에도 긍정적인 면이 얼마든지 있을 수 있다. 또 긍정적인 면이라고 해서 거기에 변하면서도 영속하는 교회의 훌륭한 "본질"만 있는 것도 아니다. 오히려 교회의 모든 면에는 — 으레 비현실적이자 현실적인 — 교회 내의 **악**, 즉 교회의 악한 "비본질"非本質, Un-Wesen이 고개를 내밀고 있다. 교회의 비본질은 교회의 본질과 — 물론 거기에 의존하지만 — 모순관계에 있다. 그것은 교회의 정당한 면이 아니라 부당한 면이며, 교회의 진정한 본질이 아니라 왜곡된 비본질이다. 그것은 — 곧 더 자세히 설명하려니와 — 하느님의 구원의지에서 오는 것이 아니라 교회를 이루고 있는 인간의 잘못에서 나온다. 교회의 모든 역사적 양상에는 이 비본질이 마치 그림자처럼 본질을 따라다닌다. **교회의 참 본질은 비본질 안에서 나타난다.**

인간 교회의 비본질을 찾아낸다고 해서 교회의 모든 어두운 면에 대한 변명이 되는 것은 아니다. 교회 찬양자나 교회 비판자나 이 점을 잊어서는 안 된다. 우리는 교회의 어두운 비본질을 처음부터 고려하고 들어가야 한다. 이것은 하나의 인간 교회의 문제이므로 놀랄 일이 아니다. 찬양자에게나 비판자에게나 이상할 것이 없다. 변하는 교회의 역사적 형태를 통하지 않고서는 교회의 영속적 본질을 알아낼 수 없듯이, 교회의 악한 비본질을 통하지 않고서는 교회의 선한 본질을 분별할 수도 없다. 본질과 형태, 영속하는 것과 변하는 것이 그렇듯이, 선과 악, 구원과 재난, 본질과 비본질도 서로 얽혀 있어서 인간의 지력으로는 완전히 풀 수가 없다. 아무리 본질적인 것이라도 변하기 마련이다. 아무리 본질적인 것이라도 비본질의 영향을 받는다. 지성소至聖所에서도 죄가 있을 수 있다. 일반적으로 교회의 역사성만이 아니라 바로 역사상의 교회에 대한 악의 영향도 모든 교회론의 기본 전제 중 하나가 되어야 한다. 그리고 이것은 일체 그릇된 호교론 없이 처음부터 전반적으로 고려되어야 한다. 교회론은 그러므로 교회의 현상status quo만을 척도로 삼을 수는 없다. 더구나 그것을 정당화하려 해서는 안 된다. 오히려 — 여기서도 역시 근원적 메시지인 복음에서 출발하여 — 교회에 필요한 개혁과 쇄신의 전제가 되는 비판적 안목에 기여함에 힘을 아끼지 말아야 할 것이다.

추상적·이상주의적 교회론이 아닌 한 교회의 비본질을 간과할 수 없다. 추상적·이상주의적 교회론은 고작 지각없는 찬양자들에게나 매력이 있다. 생각 깊은 비판자들이라면 이에 냉담하거나 심지어 반발 할 것이다. 냉철한 현실주의적·과학적 신학은 결코 이런 것이 될 수가 없다. 그것은 교회를 조건없이 **있는 그대로** 본다. 교회의 "본질"을 그 역사적 "형태"와 함께, 동시에 "비본질"과 함께 본다. 바로 이렇게 현실론적·구체적으로 교회를 볼 때 비로소 신학은 부정적인 면만을 보려 하는 비판자들에게 그 부정적인 면이 ─ 옳게 보았든 잘못 보았든 ─ 교회의 진정한 본질과 직결되어 있는 것은 아니라고 주의를 환기시킬 권리가 있게 된다. 사람의 그림자를 가리키는 것은 어떤 현실적인 것을 가리키는 것이기는 하나 그 사람 자신을 가리키는 것은 아니다. 교회의 비본질을 공격하는 것은 현실의 교회를 공격하는 것이기는 하나 교회의 본질을 공격하는 것은 아니다.

모든 비본래적인 것에서 본래적인 것을 찾아내고 모든 악한 비본질에서 선한 본질을 발견하기 위해서는, 부정적인 비판자의 눈만으로는 ─ 예리하든 둔하든, 정당하든 부당하든, 선의든 악의든 ─ 부족하다. 피상적인 찬양자와 마찬가지로 부정적인 비판자도 교회의 결정적으로 중요한 깊은 차원을 보지 못한다. 이것은 오직 그리스도인의 신앙의 눈으로만 볼 수가 있다.

신앙인 공동체

교회 찬양자나 교회 비판자나 다같이 알아야 할 것은 교회를 이루고 있는, 참으로 교회를 이루고 있는 사람들이 다른 사람들과는 달리 신앙이 있다는 사실이다. 그들은 스스로가 **신앙인 공동체**이기를 원한다. 그들은 자신이 믿고 바라는 것을 다른 사람들도 믿고 바라기를 원한다. 그들이 신앙인 공동체라는 사실을 무시하는 사람들은 ─ 칭찬하든 불평하든 ─ 그들을 오해하고 있다는 것이 그들의 확신이다. 그렇다, 심지어 그들은 남들도 자기들과 같이 믿지 않으면 신앙인 공동체인 교회를 잘못 이해하거나 적어도 교회의 진정한 본질을 이해하지 못한다는 것이 그들의 확신이다. 외부로부터의 관찰자가 아니라 교회 내부에 교회와 함께 사는, 바로 교회 자체만이 교회를 바르게 판단할 수가 있다는 것이다. **신앙의 교회인 신앙인들은 교회의 신앙을 호소하고 있다.**

그러므로 교회ekklesia가 **신앙고백문Credo**에 포함되어 있다는 것은 역사상의 우연이 아니다. 그것은 바로 교회가 무엇인가를 이해하는 기초가 된다. 그러면 우리들 그리스도 신자는 교회를 믿는가? 아니다. 만일 그렇다면 지나치게 교회를 중대시하는 셈이다. 그런 말을 할 수는 있다 하더라도 그것은 아주 부정확한 말이 될 뿐이다. 신앙고백문에서도 교회에 대한 표현Credo Ecclesiam, 교회를 믿는다. 교회가 참이라는 것을 믿는다은 하느님이나 성령에 대한 신앙고백Credo in Deum, in Spiritum Sanctum, 하느님과 성경을 믿는다, 하느님과 성령을 신뢰한다과는 다른 것이 일반적인 특징이다. 으레 교회는 신앙고백문의 셋째 조항에서 성령에 대한 신앙과 관련하여 지적되고 있다. 특히 우리가 보유하고 있는 최고最古의 교회예식서(215년경 로마 히폴리투스Hippolytus의 사도전승Traditio apostolica — "사도신경"보다도 더 오래된 것이다)에 나오는 세례 질문의 셋째 조항은 시사하는 바 크다. 그 문장은 매우 엄밀하다. 즉, "당신은 또한 성령을, 성교회 **안에서** 육신 부활을 위하여 믿습니까?"라고 되어 있다. 그리스도 신자가 믿는 것은 하느님이요 성령이다. 교회는 성령이 활동하는 장소이며, 육신 부활은 성령의 마지막 활동이다.

완전히 궁극적·**근본적인** 의미의 신앙은 이미 사랑과 구별될 수 없는 것이며, 하나의 인격적인 상대자와 관계하는 인격적인 행위다. 궁극적으로 신앙은 어떤 대상·명제·교조에 헌신하는 것이 아니라, 인격의 인격에 대한 헌신이요 위탁이다. "모든 신앙 행위에 있어서 결정적인 것으로 나타나는 것은 그의 말에 동의할 때의 그 인격이다"
(Thomas Aquinas). 그러나 근본적인, **언제나** 무조건적·결정적인 인격적 헌신은 하느님을 향해서만 가능하다. 하느님에 대해서만 완전한 본래 의미의 신앙이 가능하다.

그리스도 신자는 하느님을 믿고 또 따라서 하느님**만**을 믿는다. 그러면 "거룩한 가톨릭 교회를 믿는다"고도 말할 수 있는가? 할 수는 있다고 하더라도 그것은 "교회를 거룩하게 하는 성령을 믿는다"는 뜻으로 이해되어야 한다. 좀더 자세히 분석해 보자.

교회를 믿을 필요는 없다

❶ 우리가 교회를 믿는 것은 아니라는 말은, 교회는 하느님이 아니라는 뜻이다:

신앙인 공동체인 교회는 적극적인 요소가 아무리 많이 지적될 수 있다고는 하더라도 하느님은 아니며 신성한 존재도 아니다. 물론 신앙인들은 하느님이 교회 안에서 활동하고 있다고 확신한다. 그러나 하느님의 활동과 교회의 활동은 동일한 것이 아니고 항상 서로 부합하는 것도 아니다. 오히려 근본적으로 차이가 있다. 하느님은 어디까지나 하느님이다. 하느님의 활동은 그분이 이루어 놓은 어떤 결과에 의해 대치되어 무용지물화될 수 없다. 교회는 어디까지나 피조물이다. 따라서 교회는 전지·전능한 것도, 자족·자율적인 것도, 영원·무죄한 것도 아니다. 은총과 진리의 근원도, 주님도 구세주도 심판자도 아니다. 교회의 어떤 우상화도 있을 수 없다. 교회는 온갖 위협과 위험에 직면해 있으면서도 온전히 하느님으로부터의 삶과 하느님에로의 삶을 살고자 하는, 온전히 하느님을 신뢰하는, 요컨대 하느님을 믿는, 신앙과 순종의 인간 공동체이다.

❷ **우리가 교회를 믿는 것은 아니라는 것은, 우리가 바로 교회라는 뜻이다**:

신앙인 공동체인 교회는 바로 우리들 자신이다. 교회는 우리들과 대립되는 하나의 영지주의적 집단인격gnostische Kollektivperson이 아니다. **우리**가 교회요, 교회는 **우리**다. 우리가 교회이기에 교회는 구도자와 방랑자의, 의지할 데 없고 고뇌하고 고통받는 사람들의, 죄인과 순례자의 공동체다. 교회는 우리이기에 죄많고 순례하는 교회다. 교회의 어떤 이상화도 있을 수 없다. 교회는 어둠 속에 방황하면서, 온전히 하느님의 은총과 진리, 용서와 구원에 의탁하는, 온전히 하느님께 신뢰하는, 요컨대 자기자신을 믿지는 않는, 들음과 믿음의 인간 공동체이다.

교회를 믿을 수도 있다

그러나 우리는 교회를 믿는다고 말할 수도 있다:

❶ **그것은 하느님의 은총에서 오는 교회가 신앙에 의하여 이루어진다는 것을 뜻한다**:

믿지 않는 공동체는 교회가 아니다. 교회는 절로 존재하는 것이 아니라 구체적으로 신앙인들을 통하여 존재한다. 국민 없는 국가가 없고 지체 없는 육신이 없듯이, 신앙인 없는 교회란 없다. 교회는 단순히 하느님의 뜻으로만 이루어지는 것이 아니라, 교회를 이루어야 할 인간에게 요구되는 결단에서, 하느님과 하느님의 통치를 위한 근본적인 결단에서 이루어진다. 이 결단이 신앙이다.

❷ 그것은 또한 하느님의 은총에서 오는 신앙이 **교회를 통하여 이루어진다는 것을 뜻한다**:

하느님은 개인을 신앙에로 부른다. 그러나 개인이 신앙 공동체 없이 신앙에 이르는 것은 아니다. 신앙 역시 절로 존재하는 것이 아니라 구체적으로 신앙인들 안에 존재한다. 나아가 이들은 유리된 개체로, 고립된 신자로 살지 않는다. 신앙은 스스로 얻는 것이 아니다. 하느님으로부터 직접 받는 것도 아니다. 신앙인 공동체가 메시지를 전하고 신앙의 응답을 촉구하는 데서 얻는다. 이것은 그리스도 신자가 반드시 교회가 **좋아서** 믿는다는 말은 아니다. 도리어 현대인은 — 가령 아우구스티누스의 경우와는 달리 — 여러모로 교회가 **싫은데도**, 교회의 역사적 양상 안에 나타나는 신앙의 양상이 여러모로 못마땅한데도 믿는다고 해야 할 것이다. 흔히 교회는 하느님과 그분이 보내신 분을 믿는 것과 더불어 — 덤으로만은 아니라 하더라도 — 받아들여지는 데에 불과하다. 그러나 신앙 공동체로서의 교회는 비단 신앙의 대상일 뿐 아니라 동시에 신앙의 터전이요 고향이다. 공동체의 신앙은 개인의 신앙을 자극하고 촉진하며 계속 감싸 주고 이끌어 준다. 이리하여 개인의 신앙은 공동체의 신앙을 받아들이고 공동체의 진리에 참여한다. 개인적으로 신앙을 가지고 있으면서도 역사성과 상대성과 고립성을 너무나도 깊이 의식하고 있는 현대인에게는, 자기의 신앙이 온갖 독자적인 책임을 지고 있으면서도 교회라는 신앙 공동체의 더 광범하고 더 다양하며 오래고도 새로운 신앙에 참여하고 있다는 사실이야말로, 비단 항상 부담스런 일일 뿐 아니라 또한 항상 해방을 의미할 수도 있다.

그러나 궁극적으로 신앙은 단순히 교회에서 나올 수는 없고, 교회도 단순히 신앙에서 나올 수는 없다. 교회는 개인의 신앙의 결단과는 상관없는 객관적인 존재가 아니며, 신앙인들도 스스로 모여 교회를 만들 수 있는 것은 아니다. 신앙과 교회는 서로 의존하여 서로가 도와서 열매를 맺는다. 그러나 궁극적으로 신앙과 교회의 근거는 서로가 상대방에서 찾을 수 있는 것도, 독자적으로 찾을 수 있는 것도 아니다. 오직 자비로운 **하느님의 구원행위** 안에 그 공통의 근원이 있다. 신앙이 먼저냐 교회가 먼저냐 하는 것은 마치 닭이 먼저냐, 달걀이 먼저냐 하는 것과 마찬가지로 끝이 없는 질문이다. 신앙도 교회도 절대화해서는 안 된다. 절대화된 신앙은 교회를 붕괴시킨다. 이것이 프로테스탄트의 위험이다. 절대화된 교회는 신앙을 파산시킨다. 이것이 가톨릭의 위험이다. 무엇보다 중요한 것은 하느님의 구원행위가 신앙에도 교회에도 앞선다는 것이다.

이것이 현실의 교회다. 이것이 역사적 변화 속에서도 영원히 지속되는 교회요, 비본질을 지니고 있으면서도 신앙의 주체와 대상이 되는 교회다. 현실 교회는 그 안에 머물러 살 만한 교회다. 그것은 사실 이상을 자신있게 주장하고 바로 그때문에 약속을 지키지 못하는, 그런 이상화된 교회가 아니다. 또 그것은 사실 이하로 자책을 주장하고 바로 그때문에 아무 약속도 해주지 못하는, 그런 과소평가된 교회도 아니다. 현실 교회 안에 사는 인간은 이상주의적 환상이나 의기소침한 열등감에서 벗어나 자유로이 신앙인 공동체 안에서 분별있고 명랑한 신앙에 이른다. 현실의 참 교회는, 미래는 이미 시작되었고 현재는 아직 해결되지 않은, 그런 세상에 봉사하면서 현재 안에서 미래를 가지고 있는 교회다.

지금까지 우리가 현실 교회에 대하여 말해 온 것은, 참으로 중대한 문제에 대해서는 대답하지 않았거나 혹은 고작 변죽을 울렸을 뿐이다. 신앙의 주체요 신앙의 대상인 교회, 이 신앙인 공동체는 대체 **누구를** 믿는가? 역사적 존재인 교회, 이 역사적 순례단은 대체 **누구에게서** 오는가?

3 교회의 근원

예수가 전한 하느님 통치

교회, 즉 에클레시아 *ekklesia*라는 말은 복음서에서 단 두 번 — 그것도 주석학자들간에 큰 논쟁거리인 두 구절(마태 16,18; 18,17)에만 — 나온다. 그런가 하면 하느님의 나라, 즉 바실레이아[1] *basileia tou theou*라는 말은 공관복음共觀福音에 약 백 번 나온다. 이것은 오늘도 어떤 교회론에서나 중대한 문제를 제기하는 사실이다. "예수는 하느님 나라를 선포했는데 나타난 것은 교회"라는 자주 인용되어 온 르와시Alflred Loisy의 불길한 말은 결국 옳은 말인가?

"때가 차서 하느님의 나라가 다가왔습니다. 여러분은 회개하고 복음을 믿으시오." 마르코 복음(1,15)의 이 간결한 말씀은 예수의 의도가 과연 무엇인가를 집약하고 있다. 하느님의 "바실레이아" — 또는 마태오가 유대인다운 경외심으로 하느님이라는 이름을 피하려 한 듯한, 그러나 뜻은 같은 "**하늘**의 바실레이아"(혹은 그냥 "바실레이아") — 라는 이 말은 예수의 설교에 있어서 지배적인 중심 개념이다. 물론 여러 이설이 있으나, 오늘날 하느님의 통치에 관한 대표적인 해석들은 다음과 같은 원칙적인 관점에 모두 의견이 일치하고 있다:

❶ 예수의 "하느님 통치"란 — 예수의 설교에서도 구약성서에

---

[1] "왕국" 또는 "나라"라는 뜻인데, 구체적인 대상으로 상상하기 쉬운 오해를 피하기 위하여 "다스림", "지배" 또는 "통치"라고 하는 것이 낫겠다.

입각하여 전제되어 있던 바 — 하느님의 세계 창조의 귀결로서 항상 존속하는 하느님의 세계 통치가 아니라, **종말론적**인 하느님의 통치를 의미한다. 즉, 완전히 실현된 **최종적 · 결정적인 하느님의 통치가 한 사건으로서 "다가왔다"**(마르 1,15 참조)는 것을 의미한다. 그것은 "왔고"(마태 12,28; 루카 11,20), "올(오시는)"(루카 22,18; 참조: 마르 14,25; 마태 26,29), "권능을 떨치며 오는"(마르 9,1) 하느님의 통치다. 예수는 이 개념을 아무 데서도 정의하지 않고, 여러 사람이 두루 아는 것으로 전제하여 자기 나름으로 해석하고 있다. 그 종말론적 성격은, 예수와 직결되는 세례자 요한의 종말론적 회개 · 세례 운동과 당시의 유대 민족 특히 쿰란Qumran 공동체의 간절한 종말론적 기대 등, 예수 설교의 시대사적 여건에서 잘 드러난다. 이 점은 예수 자신의 설교에서도 마찬가지다. 개별적으로도 여러 곳 — 예수에게 소급되는 "바실레이아"라는 말과 "다가왔다" 등의 말씀들logia — 에서 잘 나타나거니와, 전체적으로도 이 종말론적인 의미에서가 아니고서는 "지금 이 순간에" 결단이 요구된다고 하는 의미를 이해할 수 없다. 예수의 근본적으로 새로운 윤리적 요구들도 마찬가지다. 가령 "산상설교"는 종말론적인 하느님 나라에 들어가는 조건인 것이다.

예수의 메시지가 그처럼 자극적이고 절박한 요구로 다가오는 까닭은 무엇인가? 이것이다: "때가 **차서** 하느님의 나라가 **다가왔습니다**"(마르 1,15).

❷ 예수의 "하느님 통치"란 — 랍비들의 설교에서처럼 — 율법에 충실함으로써 건설되거나 성취되는 것이 아니라, **하느님 자신의 최고 권능의 행사**로 나타난다. 아무도 스스로 종말의 잔치에 초대받을 수 없다. 아버지 하느님이 초대한다. 그분은 씨앗이 스스로 자라게

허용하되 당신의 능력과 은총으로 자라게 하는 분이다. 그것은 **하느님의** 통치다. 그러기에 인간은 "아버지의 나라가 오게 하소서"라고 기도할 수가 있다(마태 6,10; 루카 11,2). 그러기에, 밤낮으로 하느님께 부르짖을 수 있고(루카 18,7 참조), 하느님 통치를 추구할 수 있으며(마태 6,33; 루카 12,31 참조), 거기에 들어가려고 애를 쓸 수가 있다(루카 13,24; 마태 7,13 참조). 또 슬기로운 열 처녀(마태 25,1-13)와 깨어 있는 종들(루카 12,35-37; 마태 24,44 참조)처럼 예비하고 대기할 수가 있다. 그러나 그 나라를 주는(루카 12,31-32 참조) 것은 인간이 아니고 하느님이다. 하느님이 그 "통치권"을 주고(루카 22,29-30 참조), 하느님이 거기에 들어갈 사람이 누구인지를 약속한다(마태 5,3.10; 루카 6,20; 마르 10,14 참조). 하느님은 확고부동하고 헤아릴 수 없이 깊은 주권과 자유를 가지고 왕권을 행사한다. 절대적인 자유의지를 완전히 구사하여 행동한다. 통치권을 행사하는 것은 그러므로 인간이 아니라 하느님이다. 인간이 하느님의 통치를 범할 수는 없다. 오직 어린아이처럼 받아들일 수 있을 뿐이다(마르 10,15 참조).

이 하느님 통치가 관철되리라고 보장해 주는 것은 무엇인가? 그것은 인간의 일이 아니라 오직 하느님만의 일이다: "**하느님의** 나라가 다가왔습니다"(마르 1,15).

❸ **예수의 "하느님 통치"란** — 광범한 계층의 사람들, 특히 열성당원들이 로마의 지배에서 해방되기 위하여 하느님의 원수들과 싸운 것처럼 — 현세적·민족적·정책종교적 신정神政이 아니라, **순수한 종교적 지배**다. 예수가 유대 민족을 외국의 지배와 곤경에서 해방하고 현세의 이스라엘 왕국을 재건하러 온 줄로 생각하는 사람들, 특히 제자들의 오해를 예수는 거듭거듭 시정한다. 어떤 찬란한 현세적

기대도(루카 19,11; 23,42; 24,21; 사도 1,6 참조) 왕국의 높은 자리를 얻으려는 어떤 생각도(마르 10,35-45 참조) 어떤 폭력 행위도(마르 14,17-21; 루카 13,1-3; 22,28 참조) 거부한다. 베드로는 예수의 수난의 길을 알아듣지 못한다고 호된 책망을 받는다(마르 8,31-33 참조). 예수의 왕국상王國像은 ― 묵시문학 자료에서 빌려온 편집상의 구조와 수식만 제외하면 ― 묵시문학과는 대조적으로 조심스런 태도가 역력하다. 예수는 종말이 언제 올 것인가에 대한 묵시문학적 계산을 거절한다. "하느님의 나라는 지켜보는 가운데 오는 것이 아닙니다"(루카 17,20). 그때는 오직 아버지만이 아신다(마르 13,32). 심판과 죽은 이들의 부활과 미래의 영광에 대해서도 예수는 묘사하지 않는다. 잔치의 비유 같은 것은 하느님 나라를 사실적으로 묘사하려는 것이 아니라 하느님 통치의 현실성을 강조하려는 것이다. 즉, 잔치의 즐거움이 아니라 하느님 및 타인들과의 친교親交에 그 참뜻이 있다. 결국 하느님 나라에 관한 세세한 표현 자체는 마침내 하느님이 다스리시리라는 한 가지 사실에 비하면 실상 모두가 그리 중요한 것이 못 된다(마르 12,24-27 참조). "바실레이아"는 그러므로 하나의 공간적인 "왕국"(통치 영역)이라기보다는 왕의 다스림, 즉 "왕도"요 "왕권"이라고 해야 할 것이다.

순수하고 꾸밈없고 분명한 예수의 설교가 왜 그처럼 심금을 울렸고, 그러면서도 왜 그처럼 수많은 사람들 특히 종교·정치 지도자들의 배척을 당했던가? 예수가 선포한 하느님의 통치는 정치적 권력과 현세적 재물의 왕국이 아니라 회개와 신앙을 전제로 하는 하느님의 통치다: "하느님의 나라가 다가왔습니다. 여러분은 회개하고 복음을 믿으시오"(마르 1,15).

❹ **예수의 "하느님 통치"란** ― 쿰란 공동체를 포함한 당시의 많

은 사람들이 생각한 것처럼 — 죄인과 불경한 자들에 대한 복수의 심판이 아니라, 오히려 **죄인들을 구원하는 하나의 사건**이다. 세례자 요한과는 달리 예수는 하느님의 분노가 아니라 하느님의 자비를 이유로 회개를 가르친다. 하느님 통치에 대한 예수의 메시지는 위협이나 재앙의 메시지가 아니라 구원과 평화와 기쁨의 메시지다. 그것은 나쁜 소식dys-angelion이 아니라 좋은 소식eu-angelion(마르 1,15 참조), 곧 복음이다. 예수 자신이 복음이란 **말**을 사용했건 안했건(동사와 구별해서 명사를 이런 의미로 사용한 것은 신약성서에서야 처음으로 나타난다), 어쨌든 제2 이사야가 말한 바 있는 복음이 예수를 통하여 전해진 것만은 사실이다: "얼마나 아름다운가, 산 위에 서서 기쁜 소식을 전하는 이의 저 발! 평화를 선포하고 기쁜 소식을 전하며 구원을 선포하는구나. '너의 하느님은 임금님이시다.' 하고 시온에게 말하는구나."(이사 52,7). 이 복음은 권력자와 부자들만이 아니라 오히려 — 산상설교에서처럼 — 특별히 가난하고 슬프고 천대받고 짓밟힌 이들을 위한 것이다. 또 의롭고 경건한 사람들만이 아니라 오히려 특별히 죄인과 불경한 자들을 위한 것이다. 얼마나 많은 비유와 설화들이 이를 말해 주고 있는가! "의로운" 이들과 "하느님을 두려워하는" 이들에게는 추문이 될 만큼 예수는 그야말로 악명높은 죄인 · 사마리아인 · 세리 · 창녀들과 상종한다. 경고하고 위협할 때에도 그 자체에 목적이 있는 것이 아니라 오직 심판에 선행하는 하느님의 큰 은총을 지적하기 위함이다. 하느님의 은총과 자비와 용서는 만인에게 선포된다. 그것은 예수의 행동에서 뚜렷이 드러난다. 하느님이 죄인들을 사랑하신다는 계시啓示는 하느님의 통치가 다가오고 있다는 표징이다.

하느님 통치에 대한 예수의 설교는 어째서 그처럼 독특한 방식으로 좋은 소식이 되는가? 그것은 하느님의 구원이 단 하나의 조건 아래 죄인을 포함한 만인에게 주어지기 때문이다: "회개하고 복음을 믿으시오"(마르 1,15).

❺ **예수의 "하느님 통치"란** 사람들에게 어떤 개정된 도덕법규를 따르라는 요구가 아니라, **하느님을 향한 근본적 결단**의 요구다. 하느님과 하느님의 통치냐, 현세와 현세의 통치냐라는 뚜렷한 양자택일의 요구다. 아무도 이 근본 결단을 막을 수 없다. 예수 자신도 가족과 출세와 집과 고향을 버렸다. 그리고 다른 사람들에게도 가정적·사회적 관계를 끊고 자기를 따르라고 불러내었다. 물론 모두에게 가정과 직업과 고향을 버리라고 한 것은 아니다. 예수는 사회혁명가가 아니다. 그러나 모두가, 각자가, 자신의 마음을 궁극적으로 하느님께 두느냐 현세의 이익에 두느냐 하는 근본적 결단에 맞서게 한다. 현세와 현세 사물은 하느님 통치가 임했다는 관점에서 긍정·부정의 내적 변증법에 의하여 판단되어야 한다. 현세도 악하고 인간도 악하다. 그러나 동시에 세상은 여전히 하느님의 피조물이고 인간은 여전히 아버지 하느님의 자녀들이다. 다가오는 하느님 통치를 받아들이는 사람은 현세와 인간의 죄악에서 회개하고 돌아서야 한다. 그러나 동시에 새로운 방법으로, 사랑으로, 바로 그 현세와 타인에게 마음을 돌려야 한다. 예수는 ― 쿰란 공동체처럼 ― 금욕적인 현세 도피를 설교한 것이 아니다. 수도원을 세운 것도 아니다. 또 새로운 축성의식祝聖儀式에 의해 "세속"과 "세속사世俗史" 안에 따로 "성역聖域"과 "성시대聖時代"를 마련한 것도 아니다. 그렇다, 인간은 세계 안에서, 인간을 위하여, 하느님의 뜻에 철저히 순종하는 자세를 취해야 한다. 인간은 세상에서 하느님 통치를 기다리면서 하느님께만 일편단심을 바쳐야 한다. 돈도 재산도(마태 6,19-21.24-34; 마르 10,17-27 참조), 권리도 명예도(마태 5,39-41; 마르 10,42-44

참조), 심지어 자기 부모나 가족도(루카 14,26-27; 마태 10,34-39 참조) 궁극의 목적일 수는 없다. 법으로 규정된 외적 행위만이 아니라 내적 자세와 의도 마저도 요구하시는 하느님이시다. 살인 이전의 분노부터, 간음 이전의 음험한 욕심부터, 헛맹세 이전의 거짓말부터 금하시는 하느님의 계명이다: "… 고 옛사람들에게 말씀하신 것을 여러분은 들었습니다. 그러나 나는 여러분에게 말합니다. …"(마태 5,21-48 참조).

하느님을 향한 인간의 결단은 취소가 불가하다. "누구든지 쟁기에 손을 얹고 뒤를 돌아다보는 사람은 하느님 나라에 합당하지 않습니다"(루카 9,62). 하느님은 인간을 송두리째 원한다. 그의 충심을 원한다. 인간은 현세를 외면해서는 안되나 현세에 얽매이지 않고 온전한 자세를 취해야 한다. 무슨 자세인가? 하느님 통치를 예비하기 위하여 하느님의 뜻을 수행하려는 자세다: "하느님의 뜻을 받들어 행하는 사람이야말로 내게는 형제요, 자매요, 어머니입니다"(마르 3,35). 그리고 하느님의 뜻은 무엇을 요구하는가? 단순히 세계를 부정적으로 거부만 하는 것이 아니라 세계에 긍정적으로 헌신하는 것이다. 수많은 계명이나 지키는 것이 아니라 오직 하나, 철저히 사랑을 실천하는 것이다. 산상설교 기타 예수의 비슷한 말씀들이 하느님 통치를 위한 요구들을 여러 가지로 해설·예증하는 것이라면, 이들 요구는 하느님 사랑과 이웃 사랑이라는 중심 계명에서 참으로 간결하게 요약된다. 예수는 새 계명을 정하지도 새 규칙을 만들지도 않았다. 그의 관심사는 인생 전체를 포괄하면서 동시에 개별적인 경우에도 직접 적용될 수 있는 크고도 구체적인 요구에 있다: "'네 온 마음으로, 네 온 영혼으로, 네 온 정신으로 너의 하느님이신 주님을 사랑하라.' 이것이 가장 크고 첫째가는 계명입니다. 둘째도 이와 비슷합니다. '네 이웃을 네 자신처럼 사랑하라.' 모든 율법과 예언자들의 정신이 이 두 계명에 달려 있습니다"(마태 22,37-40). 완덕完德은 무엇보다도 원수를 사랑하는 데서 나타난다: "원수들을 사랑하고, 여러분을 박해하는 사람들을 위하여 기도하시오. 그래야만 여러분은 하늘에 계신, 여러분 아버지의 아들이 될 것입니다. 그분은 악한 사람들에게나 선한 사람들에게나 당신의 해를 떠오르게 하시고, 의로운 사람들에게나 의롭지 못한 사람들에게나 비를 내려 주시기 때문입니다. … 하늘의 아버지께서 완전하신 것같이 여러분도 완전해야 합니다"(마태 5,44-48). 그러면 누가 하느님 통치를 예비하고 있는 사람인가? 현세 안에서 현세의 노예가 되지 않고, 나날이 이웃 안에서 만나게 되는 하느님과 그분의 요구에 언제라도 응할 자세를 갖추고 있는 그런 사람이다.

이 모든 것은 바로 **회개**(*metanoia*, 마르 1,15)와 직결되어 있다. 회개는 하느님 통치의 선포가 인간에게 요구하는 것이다. 그것은 단순히 베옷을 입고 잿더미 속에 앉아 있는 그런 외적인 고행이 아니라, 근본적·전적인 내적 전환이요 전인全人이 하느님께 회귀하는 것이다. 이 모든 것은 또한 "복음을 **믿음**"(마르 1,15 참조)과 직결되어 있다. 복음의 신앙은 근본적으로 회개 그것과 조금도 다를 것이 없다. 철저한 회개는 구원의 시대가 성취되었고 하느님의 통치가 시작되었다는 믿음으로 말미암아 가능한 것이요, 철저한 신앙은 자기 자신의 죄와 은총의 필요성을 인정하고 하느님의 뜻을 철저히 수행할 자세를 표현하는 회개에서만 가능하다.

다가오는 하느님 통치에 들어가기 위하여 필요불가결한 조건은 무엇인가? 이것이다: "**회개**하고 복음을 **믿으시오**"(마르 1,15).

예수의 생애에는 교회 설립이 없다

그러면 예수 자신은 교회와 과연 어떤 관계에 있었는가? 대체 교회를 원하기는 했는가?

예수는 부활하기 전 세상에서 살 때에 교회를 세운 바 없다: 예수는 설교로나 활동으로나 어떤 특정 집단을 특별히 대한 일이 없다. 당시에 특별하다고 할 집단이 다수 있었다. 특히 쿰란 문서에 의하면 이 공동체는 거룩한 남은 자들이요 하느님께 선택된 순수 단체이며 신약의 교회라고 자처했다. 임박한 하느님 통치의 최종 설교가인 예수는 종말론적 하느님 백성이라는 초미焦眉의 문제에, 특히 누가 어떤 조건으로 구원의 상속자가 되느냐 하는 질문에 대답을 회피하지 않았다. 이 질문이야말로 예수가 여러 번 대답한 바 있다.

그러나 뚜렷한 것은, 예수는 자기의 설교가 결과적으로 분열을 낳고 있다는 것을 잘 알면서도, 또 자기 민족의 대다수가 자기를 거부하고 있다는 것을 통감하면서도, 당시의 특수 집단들과는 달리 결코 "남은 자" 관념에서 출발하지는 않았다는 사실이다. 예수는 현세 도피를 거부하는 개방적인 활동을 강조한다. 어느 누구도 배척하지 않는, 그래서 오히려 추문을 일으키는, 예수의 죄인에 대한 사랑은 하느님 자신의 가이없는 사랑의 계시다. 그것은 어떠한 종교적 차별과 배타성에도 철저히 맞선다. 배타적 경향의 바리사이의 단결도 에세네파 식의 사실상의 종파도 예수는 원치 않는다. "의롭고" "경건하고" "순수한" 자들을 모으러가 아니라 온 이스라엘을 모으러 파견되었다는 것을 예수는 의식하고 있다. 물론 메시아 사상에는 메시아 공동체 개념도 포함된다. 그러나 예수는 선과 악, 밀과 가라지를 미리 조급하게 갈라놓으려 하지 않는다. 그는 온 이스라엘을 하나의 단일체로, 그리고 목자 없는 불쌍한 양떼로 보고 있다. 비단 거룩한 "남은 자"만이 아니라 바로 온 이스라엘이 마지막 날의 하느님 백성으로 부름을 받았다고 보고 있다. 별로 성공은 못했을 망정 예수는 끝까지 하느님의 옛 백성을 상대로 했다.

그러면 열두 제자를 둔 것은 무엇인가? 이것이야말로 소수 남은 자의 선발이 아니라 온 이스라엘의 소명을 명시하자는 것이다. 12제자는 이스라엘 12부족 전체에 대한 예수의 주장을 대표하고 마지막 완성의 때에 통치자와 심판관 구실을 할 사람들이다. 나아가 개인적으로 예수의 부름을 받아 따르고 있던 다른 제자들도 온 이스라엘에 대한 선교를 위한 존재다. 이 제자들에게 선교 임무라는 관점에서 특별한 독려가 있었던 것은 사실이다. 그러나 거기에는 아무런 특별한 생활 규칙도 나타나는 바 없고, 그 일원이 되는 것이 구원의 조건도 아니다. 제자들도, 나아가 회개의 자세를 갖춘 이스라엘 사람들도, 예수에 의하여 조직적으로 집단화된 일은 일체 없다.

따라서 복음서에 나오는 예수의 대중을 향한 말씀들 중에 교회의 건설이나 어떤 새로운 계약을 선포하거나 또는 계획적으로 어떤 선택된 자들의 공동체를 소집·결성했다는 말이 없다는 것은 조금도 놀라운 일이 아니며, 오히려 원시교회가 솔직하고 과장 없이 복음의 전승에 충실했다는 것을 말해 주고 있다. 만일 그런 말씀이 있었더라면, 그것은 하나의 특수한 회당의 설립으로 이해되었을 것이고, 예수 설교의 독특한 성격은 불투명한 것이 되고 말았을 것이다. 또 하느님의 종말론적 행동이 참으로 시작되었으니 각 개인이 지체없이 회개하라고 요구하는 경고의 메시지도 예수의 추종자들의 외적인 단결로 말미암아 약화되고 말았을 것이다. 하느님의 통치에 들어가기 위해서는 구원의 메시지를 받아들이고 즉시 또 철저히 하느님의 뜻에 순종하는 것 외에도 더 많은 것이 필요하다고 예수가 요구했다고 추측할 수 있는 곳은 복음서 어디에도 없다. 전체교회로서의 에클레시아에 관하여 복음서에 유일하게 나오는 마태오 16,18의 예수의 말씀logion도, 그것이 정말 예수의 말씀이냐, 무엇을 뜻하느냐에 대해서 이설이 분분하거니와, 어쨌든 대중을 향하여 한 말씀은 아니다. 그것은 현재가 아닌 미래의 교회 건설을 가리키는 말씀이다. 회개 자세를 갖춘 예수의 추종자들도, 특별히 예수를 따르도록 부름을 받은 제자들도, 그들이 벌써 "그리스도의 교회"가 되어 있는 것은 아니다. "새로운 하느님 백성"도 아니다. 그들은 결코 예수에 의하여 이스라엘 백성과 구별되고 새 백성으로서 옛 하느님 백성과 대립되어 있는 사람들이 아니다. 그래서 신약성서에서는 예수의 영향으로 신앙을 가지게 된 이스라엘 대중을 "새로운 하느님의 백성"이라고 하지도 않고, "열두 제자"나 다른 "제자들"을 이 새 백성의 핵심이나 중심부라고 하지도 않는다. 하느님의 옛 백성과 구별되면서도 그것을 계승하는 하느님의 새 백성은 사도들의 설교에서 비롯한다. 그러나 그것은 또한 이미 예수의 죽음과 부활로 가능해진 교회다. 신약성서 어디서나 교회는 예수의 죽음과 부활을 전제로 한다. 예수가 죽은 이들 가운데서 부활하고부터 비로소 초대 그리스도 신자들은 "교회"를 말하고 있다. 그러므로 교회는 (그리고 이런 의미에서의 새로운 하느님 백성은) 부활 후의 현상이다. "에클레시아"라는 말이 마태오 16,18 — 혹은 개별교회에 대해서는 마태오 18,17 — 에만 나온다는 어휘 통계상의 이론異論은 여기서 완전히 그 무게를 잃고 만다. 교회 개념의 존립 여부는 이 말씀logion의 진정성 여부와는 아무 상관도 없다.

다만 여기서 지적해 두어야 할 것은, 교회를 예수의 설교에 등장하는 중심 개념들에서 간단히 추론해 낼 수는 없다는 사실이다. 인자

人子 칭호의 집단적 혹은 개인적이나 단체적 해석도 자세히 검토해 보면 지지될 수 없거니와, 비유들(그물, 누룩, 겨자씨 등)에서 묘사하는 하느님 통치도 마찬가지다. 복음서에서 말하는 하느님 통치는 오로지 하느님의 행동과 은혜에 의해서만 나타나는 미래적 존재이지, 결코 인간에 의하여 조직적으로 발전하고 내용과 외연外延이 증대되며 제도화되는 — 그래서 다소 뚜렷이 교회와 동일시되는 — 그런 현세적·차안적此岸的인 지상의 하느님 나라는 아니다. 구원하는 하느님을 구원받는 인간과 동일시할 수 없다면, 하느님 통치를 교회인 하느님 백성과 동일시해서도 안 된다.

그러나 예수의 생애 없이는 교회도 없다

부활 전의 예수는 설교와 활동에 의해 부활 후의 교회 출현을 위한 **기초를 놓았다**. 복음서들이 모두 부활 전 예수의 행적과 메시지에 대해 세세한 데까지 관심을 기울이는 것은 공연한 일이 아니다. 예수 부활 후의 교회 출현은 부활 전 예수의 업적과 직접 관련되어 있다. 왜? 예수 자신과 그의 활동은 미래를 약속하는 현재를 말해 주고 있었고, 그것은 각 개인에게 신앙이냐 불신앙이냐, 순종이냐 불순종이냐의 결단의 시간을 의미했다. 그리하여 그는 온 백성을 복음적 신앙과 회개로 불러들였다. 동시에 그의 메시지는 분열을 일으켰고 — 외적 집단을 결성한 것은 아니지만 — 그 메시지를 믿고 받아들이는 이스라엘 사람들로 하여금 그것을 거부하는 사람들과는 달리 다가오는 하느님 통치를 위해 결정적 의미에서 새로운 자격을 지니게 했다. 그것은 곧 최후 완성의 미래적 구원 공동체에 속하는, 오로지 구원만을 기대하는 상속자로서의 자격이었다. 예수는 주위에 열두 제자 외에도 다수의 제자들을 두었고, 그들은 예수와 같은 생활 방식에 참여했다. 나중에 교회의 구성원이 된 사람들은 나자렛 예수의 제자들과 같은 사람들이다. 예수는 하느님 통치의 시작과 동시에 종말의 메시아 백성의 출현도 선포했고, 제자들이 거기에 속하리라는 것도 약속했다. 그는 자기의 죽음과 재림*parousia* 사이의 중간 시기를 — 성서 텍스트를 역사적으로 검토할 때 예수가 이 기간을 세세대대로 계속되는 장구한 기간으로 생각했다는 결론을 내릴 수는 없다 하더라도 — 계산에 넣고 있었다. 그리고 구원에 초대된 예루살렘이 원하지 않아서 대신 이방인들이 종말의 잔치에 초대되리라는 것을 예견한 예수는, 종말론적 완성에 대해 단순한 인종적 유래와는 상관없는 새로운 하느님 백성을 선포했다. "예수가 죽고 부활한 후에 제자들이 다시 모여 함께 식사를 나누리라는 것과, 그들이 기다리면서 그리고 박해를 받으면서 하느님의 백성에 속하는 믿음 없는 대중과 대립하게 되리라는 것을 예수가 계산에 넣고 있었다는 것은 의심없는 사실이다. 예수가 지상에 살아 있을 때에, 특히 함께 식사할 때에 예수와 인격적으로 사귀던 공동 경험도, 예수의 부활을 함께 체험한 것과 마찬가지로 당연히 제자들을 새로이 뭉치게 했을 것이 틀림없다. 아직은 감추어져 있으나 곧 영광스럽게 나타날 예수 자신과의 인격적 유대야말로, 예수가 제자들에게 기대한 대로 예수가 죽은 후에도 계속 존속하여 제자들을 계속 뭉치게 할 것이었다. 이제 이 예수가 지상의 인간으로서는 그들 가운데 머물지 않으리라는 것, 그러나 그가 부활에 의해 이미 하느님의 영광에 들어갔다고 믿을 수 있다는 것, 이것이 비단 재림에 대한 기대만이 아니라 또한 다가오는 종말의 완성이 인간 예수를 통해 현재에 돌입했다는 확신도 강화시켰음에 틀림없다"(W. G. 큄멜).

예수의 부활 이래로 교회가 있다

교회는 **부활 신앙의 시초부터** 존재한다. 사람들이 십자가에서 죽은 나자렛 예수의 부활을 믿으면서 한데 모여, 약속된 하느님 통치의 완성과 부활한 그분의 영광 중의 출현을 기다리게 된 이래로 교회가 존재한다. 부활 전에는 그렇지 않으나 부활 후로는 확실히 초대 교회가 "교회"를 말하고 있다. 따라서 — 금세기 초에 널리 주장되고 있었던 것처럼 — 애초에는 교회 없는 열광적인 초창기가 있었고, 그것이 점차 시간이 흐름에 따라 비로소 제한된 교회의 시대로 이행하게 된 것이 결코 아니다. 교회는 부활 신앙의 시초에도 **하느님이 주신 것**으로 이해되고 있었다. 교회는 하느님의 업적이며 다른 인간 집단과는 근본적으로 다른 공동체라고 여겨, 뚜렷이 구별되는 형태를 취해야 했다. 이처럼 그리스도에 대해서, 그리스도 안에서, 그리스도를 통하여 활동하시는 **하느님의** 행동을 강조하는 것은 초대 교회의 언어 사용과 잘 부합한다. 압도적으로 자주 사용되던 표현은 "**하느님의** 교회"요, "하느님의 백성"이다. 그러나 물론 복음서 외의 신약성서에서 교회가 고백하고 있던, 가장 오래된 교회의 자아상自我像도 그리스도 및 그리스도의 온 생애와 관련되어 있음을 부인할 수 없고, 단편적으로나마 "그리스도의 교회"라는 표현도 나타나고 있다(로마 16,16; 갈라 1,22 참조).

교회의 근원은 그러므로 단순히 부활 전 예수의 의도와 사명에만 있는 것이 아니라, **그리스도 사건 전체**, 즉 예수의 탄생과 활동과 제자 선택에서부터 예수의 죽음과 부활과 그 부활의 증인들에 대한 성령의 부여에 이르기까지, 예수 그리스도의 행동 전체에 있다.

예수 생명의 부활 없이는 비단 그리스도교 메시지와 그리스도교 신앙만이 헛된 것이 아니다(1코린 15,14-20 참조). 예수 생명의 부활 없이는 신앙인 공동체인 교회도 무의미하다. 십자가에서 죽으신 분이 하느님에 의하여 영광을 받아 살아 계시다는 확신에서 비로소 인간 예수의 수수께끼는 풀렸고, 거기서 비로소 교회도 있을 수 있었으며 또 실제 있었다. 예수 부활에 관한 개개의 전승들은 — 위경(僞經)과는 달리 정경(正經) 복음서에서 부활 사실을 묘사하고 있는 곳은 없다 — 세세한 점들이 일치하지는 않는다. 이것은 신약성서의 여러 전승들을 조금만 비교해 보아도 당장 알 수 있다. 텍스트를 억지로 갖다 맞춘다면 하나의 인위적인 일치는 가능할지도 모른다. 그러나 이런 일이야말로 쓸데없는 짓이다. 성서의 부활 전승들은 경찰 조서(警察調書)가 아니다. 그것은 메시지를 담은 텍스트이며 복음 선포의 정신으로 다듬어지고 응용된 것이다. 그러나 결정적으로 중요한 점에서는 일치하고 있다: 십자가에서 죽은 예수가 살아 있다는 것이요, 하느님의 영광 중에 있다는 것이며, 그런 영광된 분으로 제자들에게 발현했다는 것이다. 여기서 중요한 것은 바로 이것이며, 정확히 언제 어디서 어떻게 발현했는가 하는 것이 아니다.

가장 오래된 예수의 제자들이, 하느님에 의하여 생명으로 부활한 예수를 실제로 확실히 만나보았다고 단호히 주장하고 있다. 상상이나 근거없는 믿음이 아니라, 참으로 살아 계신 분에 대한 현실의 체험에서 교회는 출발했다. 여기에는 믿지 않기 때문에 일어나는 반론이 있을 수는 있으나 제자들의 증언을 이유로 부인하는 해석은 있을 수 없다. 바야흐로 짐작 대신에 확신이, 의심 대신에 고백이 등장한다. 메시지 전달자인 예수는 메시지의 중심 내용이 된다. 바야흐로 예수는 자신을 계시하신 그분으로 제자들에게 인식되고 인정된다. 즉, 메시아(기름부음을 받은 왕 — 그리스도 Christos: 이 이름은 나중에 마치 성처럼 예수라는 이름과 붙어다니게 된다)로, 하늘에서 오는 인자(사람의 아들)로, 다윗의 아들로, 하느님의 종이며 아들로, — 특히 헬레니즘 문화권에서는 — 주님 Kyrios으로 인식되고 인정된다.

이 신앙고백과 더불어 동시에 **새로운 공동체**가 현실화된다. 흩어졌던 제자들은 다시 예루살렘으로, 다가오는 하느님 통치의 중심 지점으로 모인다. 이 새로운 공동체 체험은 제자들에게 기쁨과 감사의 계기가 된다. 실망의 흔적이 보이는 자료는 아무 데도 없다. 이 공동체가 예수 재림의 지연 때문에 일시 미봉적인 해결책에 그치고 말았다는 보고는 아무 데도 없다. 제자들은 함께 잔치를 벌인다. "기쁜" 마음으로, 종말론적 희열로 "빵을 뗀다"(사도 2,42-47). 새 공동체는 종말에 관한 구약성서의 약속을 자신에게 적용시킬 수 있었다. 옛 예언자들의 약속이 성취되어 종말의 **성령** 은혜가 그들에게 주어진다 — 이것이 성령강림 설화의 뜻이다. 유대인들에 의하면 마지막 예언자들 이후로 이스라엘에서 멀어졌다가 마지막 날에 다시 나타날 것으로 약속되어 있는 이 성령은 새 공동체 안에서 여러 모양으로 활동하신다. 즉, 새로운 예언자들, 방언方言의 은혜, 권능의 행위, 법정에서의 정당한 진술로 나타난다. 처음부터 새 공동체의 입회 예식으로는 세례자 요한이 보여준 것과 같은 형식으로 세례를 행했다. 그것은 회개를 증거하고 다가오는 하느님 통치를 기다리며 죄를 씻는, 이제는 예수의 이름으로 집행되는 목욕이다.

이리하여 이 새로운 예수의 제자들은 여러모로 **마지막 시대의 구원 공동체**임이 드러난다. 갈수록 분명히, 갈수록 깊이 그들은 참으로 결정적인 사건, 참으로 종말론적인 사건으로서의 예수의 현존을 이해하게 된다. 부활 신앙으로 그들은 십자가의 스캔들을 극복하고, 예수를 향한 새로운 결단으로 그분의 죽음이 죄인들을 위한 죽음임을 인식한다. 부활하신 분을 믿는 신앙으로 그들은 저주의 사건이 — 유대인들은 십자가의 죽음을 그렇게 생각했다 — 구원의 사건임을, 구원사건 자체임을 인식한다. 예수의 죽음과 부활이 하느님의 결정적 최종 행위임을 인식한다. 그들은 과거에 이 지상에 온 분과 미래에 올 분을 새로운 관점으로 보고자 한다. 그러나 또한 이 공동체는 부활한 그리스도의 권능을 아직 멀리 있는 미래에만이 아니라 이미 부활과 더불어 열린 현재에도 감히 체험하고자 한다. 지상에서 하셨던 활동이 이제 새로이 이해되는 분, 장차 인자(사람의 아들)로서 오실 분, 그분은 지금 이미 하느님의 높임을 받은 분으로서 이 공동체를 다스리고 있다.

"교회"라는 말의 뜻

이렇게 제자들의 새 공동체는 하느님의 부르심을 받고 선택된 마지막 시대의 공동체임을 자각했다. 예수가 십자가에서 죽은 후로 제자들에게 요구된 새로운 결단은 예수 안에서 이루어지는 하느님의 종말론적 활동에 근거해서만 가능했다. 그러므로 이 공동체의 구성원들이 "선민"選民이나 "성도"聖徒라는 칭호를 지니게 된 것은 우연한 일이 아니다. 공동체를 이루는 그들이 구약의 칭호인 동시에 하느님의 종말론적 공동체의 칭호인 "야훼의 회중"kahal Yahweh이라는 칭호를 물려받을 자격이 있었다는 것도 당연한 일이다. 유대교에서 이 이름은 단순히 이스라엘 백성을 가리키기만 하는 것이 아니라, 현재에는 흩어지고 감추어져 있으나 장차 모여서 이루어질 종말의 하느님 백성을 가리켰다. 이에 해당하는 그리스어 "하느님의 교회"ekklesia tou theou가 새로운 공동체의 이름으로 통용되었고, 오늘날 간단히 "교회"라고 불리고 있는 것이다.

"교회"라는 말은 세월이 흐르면서 여러 가지로 사용되어 복잡한 의미와 뉘앙스를 띠게 되었다. **게르만**어에서 통용되는 말(독일어 Kirche, 영어 church, 스웨덴어 Kyrka; 비교: 슬라브어의 cerkov)은 루터가 지적했듯이 로마의 정치적 집회인 "쿠리아curia"에서 유래한 말이 아니다[루터가 "교회"라는 말을 싫어하고 "공동체Gemeinde"라는 말을 좋아한 데는 이 점이 적지 않은 영향을 미쳤다]. 이 말은 테오도리쿠스 대왕의 고트 왕국에서 유래하여 도나우강 이북과 라인강 이남 지역에서 통용되었었다. 그 어원은 비잔틴 그리스어 형인 "퀴리케Kyrike"로서, "주님께 속하는"이라는 뜻이다. 보충하자면 "주님께 속하는 집"이라는 뜻이요, 요컨대 "주님Kyrios의 공동체"라고 할 수 있다. 게르만어와는 대조적으로 로만어(라틴어 ecclesia, 스페인어 iglesia, 불어 église, 이탈리아어 chiesa)는 모두가 신약성서에서 사용된 그리스어 "에클레시아ekklesia"와 직접 관계를 보존하고 있다. 그러면 이 말은 무엇을 뜻하는가?

"에클레시아"라는 말은 에페소 사람들이 사도 바오로에게 난동을 부린 이야기(사도 19,32.39-40)에 나오듯이 세속 그리스어에서도 사용된 말이다. 가령 투키디데스·플라톤·크세노폰이나 그후의 그리스인들이 이 말을 사용할 때, 또는 그리스 시민들이 어떤 제명題銘에서 이 말을 읽을 때, 그 뜻은 즉시 분명한 것이었다. 여기서 시민이란 전령관傳令官의 부름을 받고 모인 사람들ekkletoi이다. 에클레시아는 그러므로 "불려나온 사람들"이고 이 불려나온 사람들의 모임이며 백성들의 집회다. 따라서 에클레시아가 직접 의미하는 것은 — 아무리 종교적 의미를 가미한다 하더라도 — 정치적 집회이지 신성한 종교 의식의 집회는 아니다. 또 그것은 구체적 집회, 수시의 "회합"을 의미한다. 회합이 없는 휴회 기간에는 에클레시아도 없다. 이런 의미의 에클레시아와, 교회를 뜻하는 에클레시아가 다르다는 것은 분명하다. 따라서 이 말의 신약성서상 용법을 직접 세속 그리스어에서 추론한다는 것은 불가능하다.

신약성서의 에클레시아 개념의 척도가 되는 것은 그리스어의 어원을 캐는 데 있는 것이 아니라 구약성서를 그리스어로 번역할 때 어떤 말을 사용했는가에 있다. 70인역 Septuaginta에는 이 말이 약 백 번 나온다. 그리고 그것도 거의 모두가 원래 세속적 의미를 지닌 히브리어 카할(kahal=소집된 모임)에 해당한다(법적·종교 의식적 공동체로서의 백성들의 모임을 뜻하는 eda는 대개 synagoge로 번역되어 있다). "에클레시아"가 결정적으로 중요한 의미를 띠게 되는 것은 "주님의"(혹은 "야훼의")라는 수식어가 붙을 때이다. 여기서도 집합 과정이 등한시된 것은 아니다. 그러나 단순히 누군가가 무엇인가를 위하여 모이는 것이 아니라 누가 무슨 목적으로 모이게 하느냐가 중요하다. 즉, 하느님이 모으시고, 따라서 에클레시아가 하느님의 공동체가 된다는 것이 중요하다(에클레시아라는 말이 수식어 없이 이런 뜻으로 쓰이는 경우도 종종 있다). 이것은 임의(任意)의 사람들이 임의로 모인 것이 아니다. 하느님의 에클레시아는 수시로 일어나는 임의의 집회 이상의 것이다. 그것은 하느님이 미리 선택한 사람들의, 하느님을 중심으로 한 모임이다. 이리하여 이 말은 이미 70인역에서도 종교적·예배적 개념으로 되고 있었거니와, 그후 점점 더 ― 쿰란 문서에 "카할 kahal"이라는 말이 확실히 드문 것으로도 알 수 있듯이(예컨대, 1QSa 1,4; 2,4; Dam 12,6) ― 종말론적인 의미를 띠게 된다. 즉, 마지막 시대의 참 하느님 공동체로서의 에클레시아가 되어가는 것이다.

초대 교회는 에클레시아라는 용어를 이어받음으로써, 의식적으로 참 하느님의 집회, 참 하느님의 공동체, 참 종말의 하느님 백성으로 자처했다.

집회 — 공동체 — 교회

"모임"이라는 말이 그렇듯이 "에클레시아"는 실지로 **모이는 과정**과 **모이는 단체**를 동시에 의미한다. 전자야말로 결코 잊어서는 안될 요소다. 에클레시아는 일단 설정·수립되면 그대로 영속·불변하는 그런 것이 아니다. 구체적으로 함께 모이는 일이, 모임이, 특히 예배의 모임이 거듭 되풀이됨으로써 이루어진다. 현실적인 집회야말로 신약 공동체의 발현이요 표현이며 실현이다. 뒤집어 말하면 공동체는 거듭 새로이 이루어지는 모임의 영속적인 근원이다. 현대어에서도 종종 "교회"는 실지로 함께 모이는 일의 뜻으로 사용되고 있다. 가령 독일어의 "Es ist jetzt Kirche"나 영어의 "It is time for church"에서 'Kirche' 또는 'church'가 의미하는 것은 바로 예배라는, 공동체의 현실의 집회인 것이다.

"모임"(집회, 회중), "공동체"(단체, 본당), "교회"라는 말들은 서로 배타적인 기능을 하는 것이 아니라 **서로 관련된** 말로 보아야 한다. 우리는 집회나 공동체나 교회라는 여러 가지 말을 쓰는 데 반하여 신약성서 자체에서는 항상 에클레시아라는 같은 말만을 쓰고 있다는 간과할 수 없는 사실부터가, 여기서 어떤 대립된 의미를 찾으려 해서는 안 된다는 것을 깨우쳐 주고 있다고 해야 할 것이다. 위의 세 가지 말은 서로 모순되는 것이 아니라, 매우 함축적이고도 다양한 의미를 지닌 '에클레시아'라는 말을 번역할 때에 서로 보완하는 구실을 한다. "집회"라는 말은, 에클레시아란 결코 단순히 정적(靜的)인 제도로서만 존재하는 것이 아니라 구체적인 모임의 끊임없는 반복에 의하여 존재하는 단체임을 나타낸다. "공동체"라는 말은, 에클레시아란 결코 단순히 구체적인 모임과는 동떨어진 고도의 추상적 조직 기능만을 가지고 있는 것이 아니라 항상 어떤 특정한 목적을 가지고 특정한 장소에서 특정한 시간에 모이는 사람들의 단체임을 강조한다. 그리고 "교회"라는 말은, 에클레시아란 결코 아무런 상호관계가 없이 고립 자족하는 종교 단체가 아니라 상호 봉사를 통하여 결합된 하나의 포괄적인 공동체의 구성원들임을 밝혀 준다. 일반적으로 위의 세 가지 말은, 특히 "공동체"와 "교회"는, 서로 그대로 바꾸어 쓸 수가 있다. 그리고 그 위에 "집회"는 구체적인 사건성을, "공동체"는 장소적인 영속성을, "교회"는 초장소적인 기구성機構性을 강조한다. 따라서 에클레시아를 번역할 때 경우에 따라 어느 하나를 선택해서 쓸 수 있다. 그러나 어떻든 근본적으로는 셋이 서로 통하는 말이다. 지방 공동체 대신에 지방 교회라는 말이 쓰이듯이 전체교회 대신에 전체 공동체라는 말을 쓸 수도 있는 것이다.

지방교회와 전체교회

각각의 에클레시아(= 각 개별 집회 · 개별 공동체 · 개별교회)는, 그것이 바로 에클레시아(= 전체 집회 · 전체 공동체 · 전체교회)인 것은 아니나, 에클레시아를 완전히 **현실화**한다. 이것은 두 가지 의미가 있다.

첫째: 지방 에클레시아는 전체 에클레시아의 "부분" 또는 "구역"이 아니다. 그것은 결코 참 "교회"의 하위 단위가 아니다. 그렇게 되면 기구가 큰 교회일수록 서열이 높은 교회라고 보아야 할 것이다. 전체교회만을 "교회"라고 부르는 관습은 결코 좋은 것이 못 된다. 그것은 추상적 · 이상주의적 교회 개념의 소산이다. 마치 교회가 어디서나 **온전히** 현존하지 않는 양! 마치 각 교회에 복음의 **온전한** 약속과 **온전한** 신앙이 주어지지 않은 양! 마치 성부의 **온전한** 은총이 약속되어 있지 않고, **온전한** 그리스도가 현존하지 않으며, **온전한** 성령이 부여되

지 않는 양! 여겨지게 한다. 그렇다, 지방교회는 비단 교회에 **속할** 뿐 아니라 바로 교회다. 전체교회는 지방교회와 지방교회의 구체적 활동을 통해서만 이해될 수 있다. 지방교회는 전체를 표현하지도 못하고 그 자체의 목적도 없는, 하나의 부속품이 아니다. 지방교회는 그 지방에서 인간 구원에 필요한 모든 것을 그 지방에서 약속받고 실지로 받아가지고 있는 참 교회다: 복음 전파의 임무, 세례와 성찬, 여러 가지 카리스마와 직무 등.

 둘째: 전체 에클레시아는 지방 에클레시아의 "집합" 또는 "연합"이 아니다. 신약성서에서는 에클레시아라는 고유하고 동일한 명사로 여러 장소의 여러 공동체를 가리키고 있고 단수와 복수 형태를 섞어서 쓰고 있다. 사도행전과 바오로의 편지(특히 에페소서)에서는 에클레시아를 초장소적인 의미로 쓰고 있는 곳도 있다. 지역교회와 전체교회의 관계가 신약성서에 신학적으로나 법적으로나 명시되어 있는 바는 없지만, 이것만은 확실하다. 즉, 각 지역교회들을 일치시키는 요소는 단순히 공통의 명칭도 아니요, 외적인 결합도 아니며, 개별교회보다 우위에 있는 조직도 아니다. 개별교회는 모두가 같은 복음, 같은 사명, 같은 약속을 받아가지고 있다. 모두가 동일한 아버지 하느님의 은총 아래에 있고 동일한 주님을 모시고 있으며 동일한 성령에 의하여 카리스마와 직무를 받고 있다. 모두가 하나의 신앙을 가지고 있고 하나의 세례로 성화되며 하나의 성찬으로 생기를 얻는다. 이 모든 것들 ― 그들에게 이보다 더 중요한 것이 있는가! ― 을 통해서 그들은 외적으로만이 아니라 내적으로 일치한다. 단순히 하나의 교회적 조직이 아니라 하나의 교회를 이룬다. 교회는 개별적인 단체들의 합자회사가 아니다. 개별교회가 모여서 전체교회가 되는 것도 아니요, 전체교회가 나뉘어 개별교회가 되는 것도 아니다. 하느님의 교회 자체

가 여러 곳에 있다. 참으로 존재하는 것은 단순히 코린토 교회나 코린토인의 교회나 코린토의 교회가 아니라, "코린토에 있는 하느님의 교회"이다(1코린 1,2; 2코린 1,1 참조).

각 에클레시아, 각 집회, 각 공동체, 각 교회는 — 아무리 작고, 아무리 빈약하고, 아무리 보잘것 없다 하더라도 — 완전히 하느님의 에클레시아, 하느님의 집회, 하느님의 공동체, 하느님의 교회의 발현이요 표현이며 실현이다.

4 교회와 하느님 나라

교회는 하느님 나라가 아니다

그리스도가 주님이시라는 데서 하느님 통치가 무엇인가가 완전한 의미에서 선포되고 실현된다. 그런데 바로 이때문에 지금의 이 중간 시기에 바실레이아와 에클레시아가 **동일시**될 위험이 크다. 교회와 바실레이아를 동일시하기 쉬운 까닭은, 하느님 통치란 아무리 미래적인 것이라 하더라도 동시에 현재적인 차원을 보여주고 있고, 이미 현재에 돌입하고 있으므로, 그저 현재의 발전하는 "하느님 나라"라고 생각되기 쉽기 때문이다.

현대 주석학자들이 새로이 밝혀 주고 있거니와, 신약성서의 메시지에 의해서는 그리스도교 국가는 물론 교회도 "지상의 하느님 나라", "하느님 나라의 현실 양상", "하느님 나라의 지주支柱"라고 할 수가 없다. 또 — 선의로라도 — 교회가 하느님 나라를 건설한다거나 지상에 넓힌다거나 그 실현을 위하여 일한다고 말하는 것도 옳지 않다. 바로 이 교회가 기도하고 있는 것이란, "우리로 하여금 아버지의 나라를 실현하게 하소서"가 아니라, "아버지의 나라가 임하소서"인 것이다. **하느님** 통치의 초월적·종말론적 성격을 고려할 때, 여기서 어떤 동일성도, 나아가 어떤 연속성도 주장할 수 없다. 동일성("교회 = 하느님 나라")이 있을 수 없음은, 신약성서에서 말하는 하느님 통치란 온 세계를 포괄하는 최종적·결정적인 바실레이아이기 때문이다. 그리고 연속성("교회에서 하느님 나라가 나타난다")도 있을 수 없음은, 하느님 나라란 조직적 발전이나 성숙·침투 과정에 의해서가 아니라 온전히 새롭고 즉각적인 하느님의 완성 행위에 의하여 이루어지는 것이며, 여기서 인간이 할 일이란 마음을 열고 순종하는 것이요 정신을 차리고 기다리는 것이며 믿고 회개하는 것이기 때문이다.

강조해야 할 것은 따라서 동일성이 아니라 교회와 하느님 통치의 근본적인 **차이**다. 신약성서에서 하느님 통치에 관하여 말하는 바를 교회에 적용한다면 부당한 교회 찬양론ecclesiologia gloriae을 피할 수 없다. 그것은 교회를 목적으로 삼는 이론이다. 마치 하느님 통치의 권능과 영광이란 아직 기다려야 할 것이 아닌 양! 마치 모든 약속이 교회 안에서 이미 성취된 양! 마치 교회는 순례 대신에 안식을 누릴 수 있는 양! 마치 교회가 인간의, 죄인들의 교회가 아닌 양! 마치 교회의 말씀, 교회의 세례, 교회의 성찬이란 실상 아직 완성되지는 아니한 것을 선포하는 것이 아닌 양!

에클레시아는 본질적으로 현재의 것이요 미래에는 지양될 것인 반면에, 바실레이아는 현재에 돌입해 있는 것인 동시에 결정적으로 미래의 것이다. 에클레시아는 마지막 시대의 중간 시기를 순례하는 어떤 잠정적인 것인 반면에, 바실레이아는 마침내 모든 시대의 마지막에 결정적으로 영광이 나타날 어떤 확정적인 것이다. 에클레시아는 죄인과 의인을 동시에 안고 있는 반면에, 바실레이아는 의인과 성인들의 나라다. 에클레시아는 아래로부터 자라나고, 현세적으로 조직화할 수 있으며, 발전·진보·변증법의 소산이다. 요컨대 인간의 일이다. 그러나 바실레이아는 위로부터 돌입해 오는, 즉각적인 활동이며, 측량할 수 없는 사건이다. 요컨대 하느님의 일이다. 하느님이 이 통치의 주체다. 왕다운 자유와 주권을 가지고 행동하는 주님이요 아버지다. 하느님의 통치는 하느님의 위엄이요 하느님의 행동이며 하느님의 소유다. 땅을 뒤덮는 나무, 풍요로운 수확, 하느님이 주관하시는 잔치, 마지막 날의 혼인잔치 등, 수많은 비유들이 나타내는 것은 교회가 아니라 완성된 하느님의 통치다. 창조의 목표는 교회가 아니라 완성된 하느님의 통치다. 이 새로운 창조에서는 교회와 세상의 구별이 없어진다. 이런 의미에서 완성된 우주적 바실레이아(및 이에 해당하는 비유적 표현들)에는 "하느님 **나라**"라는 명칭도 어울린다. 그것은 이미 현재에 돌입했으나 아직 완성되지는 아니한 그런 것이 아니라 완전히 종결된 어떤 것을 가리키는 이름이기 때문이다.

교회는 하느님 나라의 전조

하느님 통치와 교회를 동일시하면 양자를 **분리**시키는 결과를 낳기가 매우 쉽다. 갖가지 수많은 묵시록적 유토피아 사상들이 바로 "지상의 하느님 나라"로서의 교회에 대항하여 최후심판과 하느님 나라의 도래를 호소했었다. 이들은 하느님 나라와 교회의 관계를 양극兩極의 대립관계만이 아니라 원수의 적대관계로 본다. 여기서 간과할 수 없는 것은, 묵시록적 사상가들이 갖가지 기괴한 오류를 범하면서도 하느님 통치의 결정적인 중요성을 이해하는 데 있어서는 자주 가차없는 강권으로 교회의 기존 질서를 옹호하던 그들의 적대자들보다는 나았다는 사실이다.

이런 대결 상황에서는 하느님 통치와 교회의 분리가 아니라 **관련성**이 강조되어야 한다. 마지막 시대의 하느님 신앙 공동체는 하느님 통치의 선포에서 유래한다 — 하느님 통치는 그 시작이요 기초다. 그리고 그것은 계시되는 하느님 통치의 완성을 향해 나아간다 — 하느님 통치는 그 목적이요 한계이며 심판이다. 교회는 하느님 나라가 아니다. 그러나 하느님 나라를 내다보고 기다린다. 아니, 그 나라를 향해 순례하며, 전령傳令으로서 세상에 그 나라를 선포한다.

　하느님은 이 순례도상의 교회를 버리거나 잊지 않는다. 교회는 완전히 어둠 속에 방황하고 있는 것은 아니다. 교회는 (미래의) 하느님 나라는 아니나, 지금 이미 돌입한 하느님 통치하에 있다. 하느님 통치의 최후 승리는 아직 훗날의 일이지만, 그 승리가 예수 그리스도 안에서 결정적 사실이 된 것은 이미 옛날의 일이다. 교회는 아직 죽음의 그늘 아래 헤매고 있지만, 비단 부활을 내다보고 있을 뿐만 아니라 또한 이미 부활한 주님Kyrios이신 예수 안에서 결정적 사실이 된 부활을 되돌아보고 있다. 이 살아 있는 주님은 교회와 함께 있다. 이 주님은 세상 끝날까지, 영광중에 하느님 나라가 도래할 때까지 항상 교회에 머문다. 그때까지 교회는 이 주님의 통치하에 있다. 하느님 통치의 완성이 도래하면 그 자체도 끝날 그리스도의 통치하에 있다. 은연중에 온 세계도 통치하는 이 그리스도의 통치는 교회 안에서 지금 이미 효과를 내고 있다. 즉, 지금 이미 말씀의 전파로 죄가 사해지고 새로운 인간이 이루어지며 그리하여 만물의 완성이 예고되고 있다. 지금 이미 세례의 집행으로 인간들이 가시적 상징 행위에 의해 마지막 시대의 공동체에 입회함으로써 낡은 인간을 참회의 무덤에 묻고 신앙에 의해 새 인간으로 부활하여 새로운 피조물이 되고 있다. 지금 이미 성찬의 잔치로 하느님 나라의 상속자들이 성부의 영광중에 나타날 종말 구원의 잔치를 주께서 오실 때까지 선포하고 재현하며 참여하고 있다. 교회에는 지금 이미 성령이 ― 한 보증에 불과하지만 ― 주어져 있다. 교회 안에는 지금 이미 영원히 머무를 사랑이 ― 계속 위험에 처해 있지만 ― 활동하고 있다.

　이리하여 교회는 종말론적 구원 공동체로서 그리스도의 통치 ―

그것은 동시에 그리스도 안에서 이미 현재에 시작된 하느님의 통치이다 — 하에 살고 기다리며 순례하고 있다. 이리하여 다가오는 하느님 통치의 약속과 능력이 그리스도를 통하여 이미 교회 안에 실감나게 작용하고 있으며, 은연중에 벌써 교회는 동터오는 하느님 통치에 참여하고 있다. 이리하여 교회는 가히 하느님 나라의 상속을 기다리는 사람들의 공동체라고 부를 수가 있다. 그러나 하느님 나라의 "전단계"라고 부르지는 않는 것이 낫다. 교회로부터 최종적인 하느님 통치에 이르는 단계적 진보라는 연속성은 존재하지 않으며, 교회에 속하는 것이 최후의 하느님 나라에 속하는 것이라는 아무런 보장도 — 이 유혹과 시련의 시대에는 — 없는 것이다.

예수의 메시지에 충실하자면?

교회는 결정적인 하느님 통치의 전단계Vor-Stufe는 아니나 가히 그 **전조**Vor-Zeichen라고 할 수 있다. 교회는 이미 예수 그리스도 안에 현존하는 하느님 통치라는 실재의 표징이요, 아직 미래의 일인 하느님 나라의 완성을 가리키는 전조다. 온전한 의미의 교회는 그러므로 교회 자체에, 교회의 현실에 있는 것이 아니라 교회가 지향하는 목적에 있다. 하느님 통치는 교회가 바라고 증언하며 선포하는 그것이다. 다가오는 동시에 이미 현존하는 하느님 통치를 가져다주고 보존하는 것은 아니나 그것을 외치고 알리는 **전령**傳令인 교회다. 그것을 가져다주는 것은 하느님 자신이다. 그러나 교회는 온전히 거기에 봉사한다.

하지만 교회는 정말 온전히 거기에 봉사하고 있는가? 우리는 아직도 현실의 교회를 말하고 있는가? 하느님 통치에 대한 교회의 봉사는 과연 하나의 사실인가, 아니면 하나의 이론, 하나의 설계에 불과한

가? 하느님 통치에 대한 봉사, 이것은 어떻든 교회가 짊어지고 나가야 할 주어진 **의무**다.

주 예수의 메시지를 선포할 때, 교회는 또한 집중적인 형태로 하느님 통치의 메시지를 짊어지게 된다. 이 메시지로 말미암아 교회는 예수 자신의 대변자가 된다. 예수의 근본 요구들을 받아들이고 전하며 실천하게 된다. 초대 그리스도인들에게, 예수는 여전히 하느님 통치의 선포자요 하느님의 뜻에 대한 타협 없는 순종의 설교자였다. 예수가 "하느님 통치"라는 표제하에 설교한 동일한 하느님의 요구들을, 교회는 이제 "주 예수"라는 표제하에 선포한다. 왜냐하면 바로 이 예수는 하느님 통치의 요구들을 모범적으로 끝까지 실행한 분이요, 그래서 아버지의 영광 안에 높여진 분이기 때문이다.

그러나 교회가 하느님 통치에 봉사함에 있어서 **믿을 만한** 전령·증인·제시자·선포자가 되자면, 이 예수의 메시지를 우선 일차적으로 세상에, 남에게가 아닌 자기 자신에게 항상 되풀이해야 한다. 그러자면 무엇보다도 현재에 돌입하고 있는 미래의 하느님 통치의 메시지를 믿고 받아들여야 하고, 이미 현존하는 하느님 통치, 즉 하느님 구원의지의 은총과 요구에 순종하는 자세를 거듭 새로이 다짐해야 한다. 교회의 신빙성은 — 신빙성이 없는 교회라면 아무리 분주하고 활기있게 활동을 한들 그것이 모두 무슨 소용인가 — 온전히 예수의 메시지에 대한 충실성에 달려 있다. 전장前章의 서두에 고찰한 바, 예수에 의한 하느님 통치에 관한 설교의 다섯 가지 관점은 이리하여 교회론적 명령이 된다.

지나가는 교회

예수는 하느님 통치를 결정적으로 **미래적 · 최종적인 마지막 시대의 사건**으로 설교했다. 교회도 그리스도를 따라 하느님 통치를 미래적 · 최종적인 것으로 설교한다면, 이것은 교회 자신을 위한 명령으로서 다음과 같은 의미가 된다:

이 마지막 시대에 교회는 교회 자신을 설교의 중심으로 삼아서는 안 된다. 교회는 그리스도 안에서 성취된 하느님 통치에서 출발하여, 교회 자신 과업의 결정적인 완성으로서 교회 자신이 기다리고 있는 하느님 통치를 지향해야 한다. 교회는 특수한 것이 아니라 보편적이고, 잠정적인 것이 아니라 확정적인, 하느님의 승리와 영광의 계시를 향하여 나아가고 있을 뿐이다. 교회는 따라서 교회 자신을 목적으로 내세워서는 안 된다. 마치 하느님의 영광을 자신의 영광으로 삼을 수 있는 양! 마치 인간의 결단이 본시 일차적으로 하느님과, 예수와, 그리스도와 관련되는 것이 아니라 교회와 관련되는 양! 마치 **교회가** 세계사의 목적이요 완성이며 확정적인 것인 양! 마치 영속하는 것은 **주님의** 말씀이 아니라 오히려 **교회의** 정의定義와 선언인 양! 마치 세세에 존속하는 것은 **하느님의** 통치가 아니라 오히려 **교회의** 제도와 조직인 양! 마치 교회가 인간을 위하여, 따라서 바로 하느님의 통치를 위하여 존재하는 것이 아니라, 오히려 인간이 교회를 위하여 존재하는 양! 해서는 안 된다.

이 마지막 시대에 자신이 일시적 · 잠정적 · 과도기적인 존재임을 망각하는 교회는 스스로 지나친 요구를 하는 교회다. 그런 교회는 미래가 없으므로 지치고 잠들며 쓰러진다. 그러나 항상 자기 자신이 아닌 하느님 나라에서 목적을 찾기를 명심하는 교회는 버틸 수 있다. 그런 교회는, 자신에게 지나친 요구를 아니할 줄을 알고, 결코 최종적인 존재나 영원한 보금자리로 자처할 필요가 없음을 알며, 가다가 회의에 흔들리고 장애에 부딪치며 근심에 짓눌린다고 해서 조금도 놀랄 것이 아님을 안다. 그렇다, 교회가 굳이 결정적인 존재라야 한다면, 그런 교회는 좌절할 수밖에 없다. 그러나 교회가 일시적인 존재에 불과하다면, 그런 교회는 희망이 있을 수 있다. 교회에는 죽음의 세력이 쳐 이기지 못하리라는 약속이 주어져 있는 것이다.

신뢰하는 교회

예수는 하느님 통치를 **하느님 자신의 권능의 행위**로 설교했다. **교회도** 그리스도를 따라 하느님 통치를 하느님 자신의 권능의 행위로 설교한다면, 이것은 교회 자신을 위한 명령으로서 다음과 같은 의미가 된다:

이 마지막 시대에 교회는 아무리 큰 노력으로 하느님 통치에 봉사할지언정 스스로 하느님 나라를 세우려 해서는 안 된다. 하느님이 교회를 **위하여** 그 나라를 세운다. 전적으로 신뢰해야 할 것은 하느님의 행동이지 교회의 행동이 아니다. 교회는 하느님 나라를 실현한 일도 없었고, 앞으로도 없을 것이며, 오직 그것을 증언할 수 있을 뿐이다. 이 마지막 시대에 교회가 할 수 있는 일이란, 하느님 통치를 위하여 간절히 기도하고, 그것을 추구하며, 교회 자신과 세계가 그것을 받아들일 수 있도록 실질적인 노력으로 열심히 준비하는 일 이상으로 또 무엇이 있는가! 교회 자신이 하느님 나라의 도래를 좌우할 수라도 있는가! 교회 자신이 하느님과 인류 앞에서 생명력과 창조력을 자부하고 뽐낼 자격이라도 있는가! 하느님의 요구 대신에 교회 자신의 결정과 법규와 관념들을 하느님 앞에서 세상에 내세워 주장할 권리라도 있는가! 교회 자신이 더 잘 아는 양 하느님의 은총을 불신하고 스스로 세운 권위와 권력을 펼칠 수라도 있는가! 교회야말로 항상 거듭 은총을 필요로 하는 것이 아니라 교회 자신이 은총을 준다고 생각할 자격이라도 있는가! 항상 무조건 신뢰하면서 어린아이처럼 빈손으로 은총을 받아들여야 할 교회가 아닌가! 의무를 다하고도 보잘것없는 종임을 자인해야 할 교회가 아닌가!

이 마지막 시대에 **자신이** 결정적인 것을 창조하고 있다고, 자신의 능력과 활동으로 하느님 나라를 재래하고 건설하며 성취해야 한다고 상상하는 교회는 흩어지고 붕괴하는 교회다. 그런 교회는 하느님의 결정적인 행동을 전적으로 신뢰하는 몰아적인 신앙이 깨어진 교회이기 때문이다. 그러나 하느님이 이 마지막 시대를 출발시키고 지탱하며 통치한다는 것과, 하느님이 세계와 인류를 새로운 현실로 완성하여 주시리라는 것을 신뢰하는 신앙으로 확신하고 있는 교회는 모이고 건설하는 교회다. 그런 교회의 겸손한 신뢰에는 힘이 주어질 것이기 때문이다. 그런 교회는, 스스로 전력을 다하면서도 궁극적으로 **자신의** 이론과 자신의 실천이 결정적으로 중요한 것은 아님을 알고, 자신의 수많은 업적과 찬란한 통계 숫자가 하느님 나라의 도래를 보증하는 것은 아님을 알며, 따라서 반향이 없다고 해서 더 이상 소명도 없다고 해서는 안되고 성과가 없다고 해서 낙심해서도 안 된다는 것을 안다. 그렇다, 교회가 굳이 스스로 결정적인 승리를 쟁취해야 한다면, 그런 교회는 좌절할 수밖에 없다. 그러나 최후의 승리가 교회의 행동과는 상관없이 위로부터 주어지는 것이라면, 교회는 신앙에서 오는 확신을 가지고 지금 이미 최선을 다할 수 있고 세계를 개조할 수 있다. 교회에는 믿음이 있으면 산이라도 옮겨놓을 수 있다는 약속이 주어져 있는 것이다.

봉사하는 교회

예수는 하느님 통치를 **순수한 종교적 통치**로서 설교했다. **교회도** 그리스도를 따라 하느님 통치를 순수한 종교적 통치로 설교한다면, 이것은 교회 자신을 위한 명령으로서 다음과 같은 의미가 된다:

 이 마지막 시대에 교회는 결코 어떤 경우에도 종교정치적 신정神政체제로 등장할 수는 없다. 교회가 할 일은 영적 봉사diakonia다. 영적·현세적 권력의 제국帝國이 아니라 종의 모습으로 봉사의 나라가 될 은총을 받은 교회다. 즉, 인간을 섬겨 하느님을 섬기고 하느님을 섬겨 인간을 섬길 교회다. 그런데 어떻게 이 마지막 시대에 교회가 세속 권력을 장악·유지하고 정책적 계략과 음모를 꾸미는 그런 수단에 안주할 수 있는가! 어떻게 현세적 영달과 호사를 부리고, 좌지우지 높은 자리를 할당하며, 현세적 칭호와 훈장을 수여하려 할 수 있는가! 어떻게 현세의 재물과 돈과 황금을 필요 이상으로 간직하려 할 수 있는가! 어떻게 현세의 권력과 손을 잡고, 세속의 결사·정당·문화 기구나 경제적·사회적 압력 단체와 간단히 결합하며, 특정한 경제·사회·문화·정치·철학·이념 체계에 무비판적·무조건적으로 영합할 수 있는가! 어떻게 이들 세속의 권력과 체제를 교회 자신의 혁명적 메시지로써 저지·배격·질책하고 문제화할 수 없으며, 필요하면 그 때문에 저항과 공격을 받는 것도 불사할 수 없는가! 어떻게 고통·멸시·비방·박해를 회피할 수 있는가! 어떻게 십자가의 길 대신에 개선의 길을 걸으려 할 수 있는가! 어떻게 교회 밖에 있는 사람들을, 이해와 사랑으로 감싸 주고 도와 줄 이웃이라기보다는 미워하고 쳐부숴야 할 원수라고 볼 수 있는가!

 이 마지막 시대에 자신이 인간에, 원수에, 세상에 대한 몰아적 봉사를 위하여 존재한다는 것을 간과하는 교회는 그 존엄성을, 타당성을, 존재 가치를 잃는다. 그런 교회는 참으로 그리스도를 따르기를 포기하고 있는 교회이기 때문이다. 그러나 "권능과 영광중에" 도래할 것은 교회 자신이 아니라 하느님 통치임을 항상 의식하고 있는 교회는 자신이 작기 때문에 참으로 크다는 것을 발견한다. 그런 교회는, 권력과 영예를 추구하지 않을 때야말로 위대하다는 것을 알고, 극히 제한된 조건하에서만 이 세상 권력의 동의와 지지를 기대할 수가 있다는 것을 알며, 교회의 존재에 대한 세상의 태도는 무시·천대요 잘해야 관용이 고작이며 불평·불만·저주가 일쑤라는 것을 알고, 교회의 활동에 대해서는 조소·혐의·경시와 방해가 예사임을 알며, 그러나 그럼에도 불구하고 다른 모든 통치를 초월하여 불가침한 것이 하느님 통치임을 안다. 그렇다, 교회가 굳이 세속 권력을 그 힘으로 삼아야 한다면, 그런 교회는 세상 안에서 무력해지고 만다. 그러나 교회의 힘이 그리스도의 십자가와 교회 자신의 십자가에 있다면, 교회의 약함이 교회의 강함이요, 교회는 두려움 없이 처음부터 보장되어 있는 부활의 승리를 의식하면서 제 길을 걸어갈 수 있다. 교회에는 생명을 버리면 얻으리라는 약속이 주어져 있는 것이다.

죄인들의 교회

예수는 하느님 통치를 **죄인들을 위한 구원사건**으로 설교했다. **교회도** 그리스도를 따라 하느님 통치를 죄인들을 위한 구원사건으로 설교한다면, 이것은 교회 자신을 위한 명령으로서 다음과 같은 의미가 된다:
 이 마지막 시대에 교회는 아무리 세계와 그 권세들에서 구별되는 존재라 하더라도 위협하고 재앙을 선포하며 불안을 조성하는 기관으로 행세해서는 안 된다. 파멸의 경고가 아닌 구원의 소식을, 폭언이 아닌 복음을, 선전포고가 아닌 평화의 메시지를 세상에 전해야 한다. 대체 경건한 의인이 아니라 불경한 죄인을 위해 존재하는 교회가 아닌가! 아무리 메시지가 엄숙하다 하더라도 판단하고 단죄할 것이 아니라 고쳐주고 용서하며 구원해야 할 교회가 아닌가! 자주 불가피한 경고도 그 자체에 목적이 있는 것이 아니라 하느님의 은총을 일깨우자는 것이 아닌가! 교회가 아무리 많은 은총을 받았다 하더라도, 아니 이렇게 많은 은총을 받았기에, 교회는 결코 티없이 거룩한 독선적 계급으로 행세할 수는 없지 않은가! 거룩하지 못하고 불경하고 사악한 사람들이란 교회 밖에만 있다고 할 수는 없지 않은가! 교회에도 완전한 것이란 아무것도 없고, 모두가 위태롭고 연약하고 불안스런 것들이며, 모두가 거듭 개선·시정을 요하는 것들이 아닌가! 세상과 하느님 통치가 싸우는 전선前線이 바로 교회 한가운데를, 각 교회 구성원들의 마음 한가운데를 뚫고 지나가고 있지 않은가!

이 마지막 시대에 자신이 죄인들로 구성되어 있고 죄인들을 위하여 존재한다는 것을 인식하지 않는 교회는 냉혹하고 독선적이며 무자비한 교회로 변질된다. 그런 교회는 하느님의 자비도 인간의 신뢰도 받을 자격이 없다. 그러나 하느님 통치가 완성되었을 때에야 비로소 밀과 가라지, 좋은 고기와 나쁜 고기가 갈라져 있으리라는 것을 엄숙히 시인하는 교회, 그런 교회에는 스스로 이루어 낼 수는 없는 거룩함과 의로움이 은총에 의하여 주어질 것이다. 그런 교회는, 자기에게는 매사가 최선의 상태에 있는 양 세상에 대하여 고상한 윤리를 연출할 필요가 없음을 알고, 자신의 보화가 더러운 질그릇 속에 담겨 있음을 알며, 자기 빛이 희미하게 깜박이고 자기 신앙이 약하며 자기 지식이 막연하고 자기 신앙고백이 흔들림을 알고, 자기에게 유혹이 될 가능성이 없는 죄란 단 하나도 없이 이미 여러 가지 모양으로 범죄와 태만을 저질렀음을 알며, 항상 죄를 멀리하려 한다고 해서 결코 죄인을 멀리할 구실은 없음을 안다. 그렇다, 교회가 독선적으로 죄인과 세리들을 천시한다면, 그런 교회는 의화되어 하느님 나라에 들어갈 수가 없다. 그러나 의로움과 거룩함에로 불리운 사람들의 공동체로서 항상 자신의 잘못과 죄를 의식하고 있다면, 그런 교회는 용서받는다는 확신을 가지고 명랑하게 살아갈 수가 있고, 그런 교회의 거룩하지 못한 사람들은 다가오는 하느님 통치에서 거룩한 사람들이 될 수가 있으며, 그런 교회는 거의 항거할 수 없는 수많은 유혹과 거듭 되풀이되는 실수와 과오에도 불구하고 두려워할 필요가 없다. 교회에는 스스로 낮추는 자는 높여지리라는 약속이 주어져 있는 것이다.

순종하는 교회

예수는 하느님 통치를 위하여 **하느님에 인간의 대한 근본적인 결단**을 요구했다. **교회**도 그리스도를 따라서 하느님에 대한 근본적인 결단을 요구받는다면, 이것은 교회 자신을 위한 명령으로서 다음과 같은 의미가 된다:

이 마지막 시대에 교회 자신도, 하느님과 그의 통치냐 아니면 세상과 그 통치냐 하는 선택 앞에 서 있다. 교회 역시 어떠한 이유로도 하느님을 향한 근본적인 결단을 버려서는 안 된다. 교회야말로 거듭 회개하면서 세상의 메시지에서 돌아서야 하고, 다가오는 하느님 통치하에 서 있어야 하며, 그럼으로써 사랑으로 세상의 인간을 되돌아보아야 한다. 그것은 세상을 등진 금욕적 고립이 아니라 세상의 일상생활에서의 하느님 뜻에 대한 철저한 사랑의 순종이요, 세상으로부터의 도피가 아니라 세상을 향한 활동이어야 한다. 하느님의 뜻에 대한 이 철저한 순종을 교회는 회피할 수 없다. 마치 복음에서 요구하는 것이란 "악한 세상"에나 적용되는 것이지 거듭 새로이 세속화하는 교회에는 적용되지 아니하는 양! 마치 교회 자신에 순종하면 하느님의 거룩한 뜻에는 순종하지 않을 수도 있는 양! 마치 교회 자신의 전례적·교의적·법적인 규정·규칙과 전통·관습이 하느님의 계명으로서 제시되는 것이고, 그것이 예수 그리스도 안에 계시된 하느님의 뜻보다 우위에 있거나 적어도 동등한 것인 양! 마치 시대의 제약을 받는 규정들을 영원한 규범으로 선언해 놓고는, 인위적인 억지 해석을 해서라도 새로운 현실에 적용만 하면 그만인 양! 마치 중대한 문제에 있어서는 "낙타를 삼키면서도" 한편으로는 자질구레한 결의론(決疑論)으로 "작은 벌레들을 걸러내면" 좋은 양! 그리하여 마치 인간이 감당할 수 없는 수많은 법과 규칙을 인간의 어깨에다가 지워도 좋은 양! 마치 하느님에 대한 사랑에서 나오는 충심의 순종이 아니라 공포에서 나오는 맹종을 요구하여, 그 요구를 이해하고 승복해서가 아니라 그저 명령이기 때문에 순종하고, 명령이 아니었던들 순종하지 아니했을 것이라도 좋은 양! 마치 내적 양심보다는 외적 합법성을, "시대의 징조"보다는 "고래의 전통"을, 순수한 마음보다는 입에 발린 봉사를, 온전하고 절대적인 하느님의 뜻보다는 "인간의 계율"을 더 중요하게 취급해도 좋은 양! 하면서 교회는 회피할 수 없다.

    이 마지막 시대에 누구에게 순종해야 할지를 잊어버리고 스스로 지배권을 찬탈하여 최고의 주권자로 군림하는, 그런 교회는 스스로 자신을 얽어매어 노예화하는 교회다. 그러나 온갖 과오를 범하면서도 항상 하느님의 통치를 내다보고, 자기가 누구에게 속하는지, 누구를 향하여 결단을 내렸는지, 누구를 향하여 끊임없이 되풀이하여 타협 없는 단호한 결단을 갱신更新해 왔는지를 상기하고 있는 교회, 그런 교회는 참으로 자유로운 교회가 된다. 그런 교회는, 자유로이 그리스도를 본받아 세상에 봉사한다. 자유로이 하느님을 섬겨 인간을 섬기고, 자유로이 인간을 섬겨 하느님을 섬기며, 자유로이 부활하신 분의 십자가를 통하여 고통과 죄와 죽음을 극복하고, 자유로이 창조적인 박애정신으로 세계를 개조·쇄신하며, 자유로이 확호한 결심으로 다가오는 하느님 나라의 완전한 정의와 영원한 사랑과 진정한 자유와 우주적 평화를, 인류와 하느님과의 최종적 화해와 온갖 불경건한 것들의 지양止揚을 희망한다! 그렇다, 교회가 세상이나 자기 자신에게 마음을 둔다면, 그런 교회는 인간을 불행하고 비참하게 하며 노예화한다. 그러나 주님이신 하느님께, 그리고 그분에게만 마음을 둔다면, 그런 교회는 하느님의 자유로운 은총에 의하여 갇힌 이들을 풀어주고 슬퍼하는 이들을 즐겁게 하며, 가난한 이들을 부유하게 하고 약한 이들을 강하게 하며, 사랑받지 못하는 이들을 사랑받게 한다. 교회에는, 교회가 받아들일 자세를 취하고 지킨다면 하느님 자신이 **모든 것을 새로이** 하시어 모든 이에게 모든 것이 되시리라는 약속이 주어져 있는 것이다.

결론적으로, 교회가 형언할 수 없이 큰 자신의 과업을 나날이 새로이 기도함으로써만 수행할 수 있다는 것은 새삼 강조할 나위도 없다. 교회가 자력으로 성취할 수 없는 것은 은총에 의하여 주어질 수 있다. "아버지의 나라가 오게 하소서"(마태 6,10). 그리고 여러 성서 텍스트에 첨가되어 있듯이, "나라와 권세와 영광이 영원토록 아버지의 것이옵니다"(마태 6,13). 또 혹은 교회의 가장 오래된 기도의 하나인 『열두 사도들의 가르침*Didache*』의 말씀처럼,

주님, 당신 교회를 기억하시어
악에서 교회를 구하시고
교회를 당신의 사랑으로 완전케 하소서.
또한 교회를 사방에서 모으소서.
거룩해진 교회를 그를 위해 마련하신
당신 나라로 모으소서.
권능과 영광이 영원히 당신 것이기 때문입니다(10,5).

  이로써, 교회가 변화하는 형태 속에서 지니고 있는 본질에 대하여, 그리고 비본질에도 불구하고 짊어지고 있는 과업에 대하여 가장 중요한 것을 지적한 셈이다. 적어도 지금까지 보아 온 — 그리고 이것만으로도 이미 엄청나게 많은 것이라고 할 — 중요한 점에 관해서는 대부분의 갈라진 그리스도교가 동의할 수 있을 것이고, 따라서 나머지 차이점들은 적어도 교회를 분열시키는 차이점이라고 할 필요는 없다고 한다면 과도한 소망일까?
  물론 아직도 **교회를 분열시키는** 차이점들은 많이 남아 있다고 하겠다. 그러나 생각건대 더 폭넓은 의견 일치는 (비록 신학 **학파**간에 무수한 견해 차이가 있고, 또 자주 그로 인하여 여러 그리스도교의 교파들이 갈라져 있다고는 하더라도) 신약성서상 교회의 — 앞으로 논할 — 기본 구조에도 미칠 수가 있다고 할 것이다. 그러면 이 — 지금까지 그야말로 일반적·개괄적으로 보아온 데 불과한 — 에클레시아, 이 마지막 시대의 구원 공동체는 자신을 어떻게 이해하고 있는가? 어떻게 교회의 본질을 더 정확히 표현하고 있는가? 교회 자신을 하느님의 백성이요 성령의 집이며 그리스도의 몸이라고 이해함은 무엇을 의미하는가?

5 교회는 하느님의 백성

교회는 성직자 중심이 아니다

모든 신앙인이 하느님 백성이다: 교회를 **성직화**해서는 안 된다.

교회가 하느님 백성이라면 명약관화하거니와, 교회는 결코 어떤 특정한 계급 또는 신분이나 교회 내의 어떤 특정한 당국 또는 관료에 불과한 것이 아니다. 언제나 어디서나 교회는 **온** 하느님 백성이요, **온** 에클레시아이며, **온** 신앙인 공동체다. 모두가 선택된 민족이요, 왕다운 사제단이며, 거룩한 백성이다. 이 하느님 백성의 구성원들은 모두가 하느님의 부름을 받았고 그리스도로 말미암아 의롭게 되었으며 성령에 의하여 성화된 사람들이다. 이런 의미에서 모두가 교회 안에서 동등하다. 그리고 이 하느님 백성의 구성원들은 모두가 예수 그리스도의 메시지를 통하여 믿고 순종하며 완전한 사랑으로 헌신하라는 요구를 받은 사람들이다. 이런 의미에서도 모두가 교회 안에서 동등하다. 물론 하느님 백성 안에도 구별은 있고 또 그것을 부인해서는 안 된다. 그러나 그보다 훨씬 더 중요한 것은 기본 동등성이다.

교회가 참으로 하느님 백성이라면 어불성설인 것은, "교회"를 "평신도"와 구별하여 마치 평신도는 완전한 의미에서 "라오스"*laos*가 아닌 양하는 것이다. 이것은 **성직자 위주의 그릇된 교회관**이다. 이렇게 되면 교회는 직접 또는 간접으로 — 의무는 몰라도 적어도 권리와 특전에 관련하여 — 성직자와 동일시되고 만다. 신약성서에서 "라오스"라는 말이 "하느님 백성"이라는 뜻으로 그리스도교 공동체에 대하여 그처럼 자주 사용되고 있는 데 반하여, "라이코스"*laikos*, 즉 "평신도"(문외한, 국외자)라는 말이 전혀 없다는 것은 주목할 만한 사실이 아닌가. 그것은 이방인들에게는 "무식한 대중"이라는 뜻이요, 유대인들에게는 사제나 레위가 아닌 사람이라는 뜻이었다. 그런 말을 어떻게 에클레시아에 해당하는 뜻으로도 사용할 수가 있었겠는가. 신약성서에서는 비단 한 부류만이 아니라 모두가 "선택된 자"로, "성도"로, "제자"로, "형제"로 불리고 있고, 모두가 오직 한 주님, 오직 한 스승을 모시고 있다! 신약성서에서 — 이미 구약성서에서도 마찬가지다 — "라오스"라는 말은 공동체 **내부**의 사제들(성직자)과 백성들(평신자, 신도)과의 구별을 뜻하는 것이 아니다. 그보다는 모든 백성이 단일한 공동체로 결합되어 있다는 뜻이다. 그리고 따라서 그것은 **외부**와의 구별, 즉 (온) 하느님 백성과 "하느님 백성 아닌 사람들"인 "세상"과의 구별을 뜻한다. "성직자"·"평신자"의 구별이 확정된 것은 3세기 이후의 일이다.

물론 신약성서의 하느님 백성 안에도 고려해야 할 구별, 즉 여러 가지 카리스마·봉사 활동·직분·기능 들이 있다. 그러나 이런 구별이 아무리 중요하다 해도, 그것은 결코 "라오스"냐 "라이코스"냐로 표시되는 것이 아니며 기본 동등성에 비하면 이차적일 뿐이다. 구체적으로 어떤 특별한 임무를 가진 사람에게도 참으로 중요한 것은, 하느님 — 인간 차별과 혈통·인종·지위·직무의 특권을 인정하지 않는 분 — 께 받아들여진 사람이냐, 즉 참으로 믿고 순종하고 바라고 사랑하는 사람이냐 하는 것이다. 궁극적으로 중요한 것은, 교회 내에서 직무를 가지고 있느냐, 그것이 무슨 직무냐가 아니라, 직무야 어떻든 한 "신자", 즉 믿고 순종하고 사랑하고 희망하는 사람이냐 하는 것이다.

교회는 개개의 개인이 아니다

모두가 **하느님의 부름**을 통하여 하느님 백성이다: 교회를 **개인화**해서는 안 된다.

   교회가 하느님 백성이라면 분명하거니와, 교회는 결코 단순히 종교적 동지들의 자유결사가 아니다. 언제나 어디서나 참으로 교회는 만인의 구원을 원하는 하느님의 자유로운 선택과 부름을 전제로 한다. 하느님의 자유로운 은총과 사랑 없이 교회란 없다! 이렇게 일반적으로 에클레시아 개념에서 나오는 결론은 신·구약의 계약의 역사에 의하여 구체화된다. 하느님의 부름은 인간 구원을 위한 하느님의 결정적인 주도主導 행위다. 이것은 구약성서의 소명에 관한 이야기들에서 뚜렷이 드러난다: 예언자들의 소명은 예언자들 자신이 생생하게 설명하고 있거나(이사야·예레미야·에제키엘) 적어도 간단히 보고하고 있다. 그 밖에도 족장들(특히 아브라함)과 모세·기드온·삼손·사무엘 등 하느님의 사람들, 사울·다윗·솔로몬·예로보암·예후 같은 왕들의 부름이 전해지고 있다. 이 모든 소명에 있어서 참으로 중요한 것은, 개인적인 특권이나 영예가 아니라, 이런 사람들이 하느님에 의하여 백성을 위하여 섬기는 일을 맡았다는 것이다. 그 백성 자체가 아브라함과 이사악과 야곱(이스라엘!) 이래로, 그리고 모세와 이집트 탈출 이래로, 그야말로 부름을 받은 백성인 것이다. 신약에서도 마찬가지다. 각 제자들을 부르시는 길고 짧은 이야기들은 봉사하도록 부르시는 이야기들이다. 그리고 이 봉사는 이제 물론 **종말론적**인 하느님 백성에게 하는 봉사요, 또 이 백성은 모두가 "선택된 민족"(1베드 2,9)이라고 불린 사람들이다! 온 하느님 백성을 이루고 있는 것은 "자비를 받은" 사람들이요(1베드 2,10) "예수 그리스도의 부르심을 받은" 사람들이며(로마 1,6-7) "성도로 부르심을 받은" 사람들이다(1코린 1,2). "그분은 세계를 창건하시기 전에 그리스도 안에서 우리를 뽑으시어 사랑으로 당신 앞에서 거룩하고 나무랄 데 없도록 하셨습니다"(에페 1,4). 그리고 하느님의 선택은 자유롭다. 세상이 약하고 어리석게 보는 사람들도, 아니 그런 사람들이야말로 하느님의 부름을 받는 것이고, 따라서 아무도 하느님 앞에 자랑할 수 있는 사람은 없다(1코린 1,25-31 참조). 이방인을 부르시는 것도 — 바오로의 경우처럼(사도 9,1-31; 18,10 참조) — 하느님의 자유로운 일이다(사도 15,14; 로마 9-1장 참조). 이렇게 온 백성이 사랑으로 하느님을 섬기고 — 찬미·증거하고 — 인간을 섬기도록 부름을 받았다. 이 부름이야말로 하느님 백성의 온 생활, 특히 신·구약의 계약을 이해하는 관건이다. 즉, 하느님과 백성이 **서로** 동등한 입장에서 계약을 맺은 것이 아니라, **하느님이** 백성과 계약을 맺은 것이다. 계약은 하느님의 부름과 마찬가지로 온 백성에 대한 은총이며 선물이다.

교회가 참으로 하느님 백성이라면 어불성설인 것은, 교회의 출발점을 그리스도 신자 개인에게서 찾는 것이다. 이것은 **개인주의적인 그릇된 교회관**이다. 이렇게 되면 교회는 하나의 개인 신자들의 집합이 되고 만다. 그러나 애당초 그리스도교 메시지가 다른 동방 종교들과 달리 뛰어난 것은, 단지 개인 영혼의 구원, 즉 각 개인의 죄와 고통과 죽음으로부터의 구원만을 지향한 것이 아니라는 데 있다. 그리스도교 메시지에서 근본적으로 중요한 것은 개인으로 구성된 백성 공동체 전체의 구원이다. 그리스도인의 소명에 세례라는 외적 표징이 있어서, 인간이 부름과 은총을 받고 하느님 백성의 공동체에 받아들여짐을 나타낸다는 것은 공연한 일이 아니다(에페 4,1-5 참조). 하느님의 부름은 신앙을 포함한 개인의 모든 행위에 선행하고 하느님의 온 백성을 상대로 하므로, 신자 개인은 결코 혼자서가 아니라 공동체 내에서 존립하며, 나아가 각 개별 공동체도 교회라는 한 공동체 내에서 존립한다. 교회의 출발점은 이렇게 신자 개인이 아닌 하느님이다. 신자 개인이 아무리 경건하기로, 그것으로 어떻게 죄인들 각자가 참으로 하느님 백성이 되는 효과를 낳을 수야 있는가. 또 경건한 신자들의 미립자적微粒子的 집적集積이 어떻게 오늘의 방황하는 개인 각자에게 고향이 된다고 할 수야 있는가.

물론 교회는 개인으로 구성된다. 그러나 개인에 근거해서 교회를 이해할 수 있는 것은 어디까지나 하느님에 근거해서 바로 교회의 일원으로서 이해할 때에 한한다. 그 자체로서의 개인이 아니라 **부름을 받은** 개인이 교회의 일원이 되며 교회의 일원으로 존립한다. 교회는 근본적으로 개인의 합계나 종교적 결합 욕구의 소산에 그치는 것이 아니다. 따라서 여러모로 대립되는 유대인과 이방인들, 자유인과 노예들, 남자와 여자들 등 상이한 부류들도 교회에 집결될 수가 있다. 하느님 자신이 모든 민족, 모든 신분, 모든 도시, 모든 촌락에서 백성을 모으신다. 하느님 자신이 주도권을 가지고 있다. 이런 의미에서 교회는 하나의 "제도"라고(제도주의적 오해의 요소가 있으나!) 말할 수도 있다. 이것은 교회란 단순히 교회 구성원의 공동 의사 또는 "동지 정신"에 입각하는 것이 아님을 표현하는 말이다. 교회의 존재와 본질은 **하느님의** 뜻에 의하여 미리 결정되며, 동시에 — 인간 제도에 있어서는 그 창설자가 시간의 흐름과 더불어 물러서고 마는 것과는 달리 — 전적으로 계속해서 하느님의 뜻에 의존한다. 따라서 교회는 그저 "하나의 제도"가 아니라, 항상 "하느님의 제도"이다.

교회는 객관적 실체가 아니다

모두가 각자의 **인간적인 결단**을 통하여 하느님 백성이다: 교회를 **실체화**해서는 안 된다.

교회가 하느님 백성이라면 분명하거니와, 교회는 결코 구체적인 인간과 인간의 결단을 초월하는 존재가 아니다. 언제나 어디서나 교회는 인간의 자유로운 동의에 의존한다. 물론 교회는 하느님이 세우신 것이다. 그러나 인간 없이 교회란 없다. 하느님의 자비로운 사랑의 부름과 선택 없이 교회란 없듯이, — 이와 동시에 이에 의존하여 — 인간의 순종하는 신앙의 응답과 동의 없이도 교회란 없다. 하느님의 자유로운 은총과 사랑 없이 **하느님의** 백성이란 없듯이, 부름을 받은 인간의 — 항상 새로이 실천되어야 할 — 자유로운 신앙과 순종 없이도 하느님의 **백성**이란 없다! 하느님의 백성으로 모인 사람들은 결코 자기 의사가 없는 양떼가 아니다.

이렇게 일반적으로 에클레시아 개념에서 나오는 결론은 여기서도 신·구약의 역사에 의해 구체화될 수 있다. 구약성서(족장들, 모세와 이집트 및 광야에서의 백성들, 왕들, 예언자들)와 신약성서(마리아와 제자들)의 소명 이야기들이 이미 지적한 대로 하느님의 압도적 은총 선언이라면, 그것은 또 동시에 부름받은 인간의 동의도 필요하다는 것을 말해 주고 있다. 마리아의 "피앗"fiat — "말씀대로 이루어지기 바랍니다"(루카 1,38) — 은 "하느님으로부터 은총을 받은"(루카 1,30) 누구에게나 기대되는 태도다. 마리아의 "피앗" 없이, 부름받은 남녀 제자들의 "피앗" 없이 교회란 없다. 인간은 부름받고 있으니 응답해야 한다. 선택받고 있으니 동의해야 한다. 선언된 하느님의 부름에 "아멘"이라고 해야 한다. "아멘 하고 말한다"는 것은 본래 히브리어 형태대로 보면 "믿는다", "신뢰한다"와 조금도 다를 것이 없다. 그러기에 로마서 4장에서는 구약의 아브라함을 "믿는 이들의 아버지"라 했고, 루카 복음 1장에서는 신약의 마리아를 "믿었기에 복된" 분이라 했다. 두 경우가 다 신앙이란 독자적 자력으로 이루어지는 것이 아니라 하느님의 말씀에 사심없이 겸손하게 응답하는 것이요 빈손을 벌려 은총을 받는 것임을 뜻한다. 두 경우가 다 신앙인 공동체로서의 **교회의 전형**typus ecclesiae이다! 따라서 각자의 신앙 없이 단순히 출생·인종·전통에 의해 교회에 속한다는 것은 있을 수 없다. 세례도 — 유아 세례도! — 신앙에 대한 인간의 개인적 결단을 회피하는 수단으로 이해되어서는 안 된다. 도리어 반대로 세례는 항상 하느님의 은총만이 아니라 인간의 신앙도 표시하는 가시적 표징sacramentum fidei - 신앙의 성사이다. 이 신앙의 표징은 인간에 의해 동시적으로 또는 적어도 (어린이의 경우) 사후적으로 개인적 인준이 있어야 한다.

교회가 참으로 하느님 백성이라면 어불성설인 것은, 교회를 하느님과 인간 사이에 있는, 신과 유사한 하나의 실체로 보는 것이다. 이것은 **실체론적인 그릇된 교회관**이다ecclesia quoad substantiam. 이렇게 되면 교회는 교회를 이루고 있는 구체적인 인간과 유리되어 하나의 대상이 되고 만다. 즉, 하느님과 인간을 중개하는 초인격적 제도가 되고 만다. 물론 교회는 하나의 공동체이며, 근본적으로 개인의 집합에 그치는 것은 아니다. 그러나 교회는 역시 믿는 인간들의 공동체다. 이 믿는 인간들을 하느님이 모은 것이다. 신앙인들이라는 백성 없이 교회란 없다. 하느님도 그리스도도 성령도 아니요 **우리가** 교회다. 우리 없이는, 우리 밖에서는, 우리 위에서는, 교회란 아무런 현실성도 없다. 우리는 곧잘 우리가 생각하고 있는 바, 그 자체로 타당한 구별을 지나치게 중요시하여, 현실적으로는 분리될 수 없는 것을 분리시키고 마는 위험에 빠지기 쉽다. 교회의 "구조"와 "생명"을 구별하는 것은 그 자체로는 타당하다. 그러나 그렇게 되면 마치 신앙과 성사와 직무와 모든 "제도적인 것들"이 인간 없이, 인간 이전에 혹은 인간 위에 존재하는 양! 영적인 재화로서의 신앙과 성사와 직무는 "구조"에 속하고 신앙인 공동체는 "생명"에 속한다고 보는 셈이 된다. 이 모든 것은 실상 신앙인 공동체 내에만 존재하는 것이며, 이 신앙인들이 바로 교회다. 이 신앙인 공동체야말로 새로운 하느님 백성과 동일한 것이며, 교회의 **기본 구조**를 이룬다.

교회는 이상적 존재가 아니다

모든 신앙인들의 하느님 백성은 **역사상의** 백성이다: 교회를 **이상화**해서는 안 된다.

교회를 참으로 하느님 백성으로 본다면 간과할 수 없거니와, 교회는 결코 지상의 공간과 현세의 시간과는 상관없이 초연히 존재하는 정적·초역사적 현상이 아니다. 언제나 어디서나 교회는 살아 있는, 현세의 민족들에서 거듭 새로이 소집되는, 그리고 시간 속에서 방랑하는 백성이다. 이것은 앞에서 이미 다른 점들을 논의하는 것에 불과하다. 교회는 근본적으로 길 위에, 여행 중에, 순례 중에 있다. 제자리걸음을 하는 교회, 거듭 새로이 지평선을 바라보며 거듭 새로운 출발을 하지 않는 교회는 자기의 과업을 망각하는 교회다. 방랑하는 하느님 백성인 교회는 항상 역사적 현상으로서 나타난다. 교회는 구약 백성의 역사를 계승하고 발전시켜 신약으로 성취한다. 동시에 교회는 갖가지 결함으로 점철된 시간을 뚫고 하느님 자신이 인도하시는 최후의 완성인 종말의 하느님 나라를 향하여 나아간다. 이렇게 교회는 근본적으로 시대를 이월移越하는 교회다. 불안의 교회가 아니라 기대와 희망의 교회다. 하느님에 의한 세계의 완성을 내다보는 교회다.

교회가 참으로 하느님 백성이라면 어불성설인 것은, 교회를 모든 현세적인 것, 모든 과오, 모든 죄악과 무관한 존재로 보는 것이다. 이것은 **이상주의적인 그릇된 교회관**이다. 이렇게 되면 역사상의 현실 교회는 퇴색하여 현실 세계와 동떨어진, 거짓 후광에 싸인 이상으로 변화하고 만다. 이런 이상 교회는 결함도 과오도 없고 오류도 죄악도 모르며, 따라서 참회도 회개도 필요없는 교회다. 완전한 존재 자체다. 그러나 이런 죄악도 오류도 없는 완전한 존재란 홀로 하느님밖에는 둘도 없다! 이상 교회란 존재하지 않는다. 이것은 우리의 괴로운 현세 생활에서 거듭 확인되는 엄연한 경험적 사실이다. 성서의 증언에도 이상 교회란 존재하지 않는다. 성서가 증언하는 교회는 구약의 하느님 백성을 따라 항상 새로이 사죄를 필요로 하는 죄인들의 백성으로서 나타나는 하느님 백성일 뿐이다. 계속 실패와 방황의 어둠 속을 걸어가면서 교회는 계속 하느님의 자비와 은총을 지향한다. 계속 유혹과 시련에 봉착하면서 계속 겸손과 회개에 매사를 건다. "항상 개혁되어야 할 교회"Ecclesia semper reformanda란 특별히 어려운 시기의 슬로건만이 아니라, 순례하는 하느님 백성이 거듭 새로운 노력으로 더욱 큰 충성을 바쳐야 한다는 하느님 자신의 나날의 요구다. 전례에서 "당신 백성"populus tuus이라는 말이 자주 참회와 결부되어 나타난다는 것은 공연한 일이 아니다. 하느님 백성은 자기를 지켜야 한다. 전체적으로 약속이 주어져 있지만, 또한 타락의 가능성도 있다. 교회 안에 모인 하느님 백성은 아직 완성된 하느님 나라의 선택된 이들의 공동체와 일치하는 것이 아니다. 교회도 하느님의 심판대 아래에 있다. 끊임없이 경고를 받고 있다. 안식을 향한 순례객으로서 "맥풀린 손과 마비된 무릎을 바로 세워야" 하고(히브 12,12), 지상의 "나그네"로서 "육정인 욕정을 끊어 버려야" 하며(1베드 2,11), 덧없는 "세상"과 현세의 "욕망"에 "대적"하여 하느님의 뜻을 행해야 하고(1요한 2,15-17), 현세를 이끄는 악마의 "세력들"과 "싸워야" 하며(에페 6,12 참조), 악행에서 돌아서는 "회개"를 실천해야 한다(묵시 2,5). 하느님 백성의 길은 쉽지 않다. 그러나 그 싸움과 그 노력, 그 끈기와 그 신뢰는 확실한 승리의 약속에 근거하고 있다.

6 교회는 성령의 피조물

교회는 성령이 짓는다

하느님은 낯선 국외자로서 백성을 부르고 모은 것이 아니다. 인격적인 존재와는 상관없는 계약 당사자로서 새로운 계약을 맺은 것이 아니다. 그렇다, 하느님은 친히 온 생명력으로 자신을 계시하시었다. 친히 자신을 주시는 능력으로 백성에 대하여 지배권을 주장하시었고, 친히 자신의 — 동시에 예수 그리스도의 — 영靈을 통하여 교회 안에 현존·활동하시게 되었다. 하느님의 자신을 주시는 무한한 능력은 백성 안에 계시되었고, 백성의 온 존재를 변화시켰으며, 실로 백성을 새로이 창설했다. 하느님의 능력은 백성을 유지하고 목적지로 이끈다. 교회는 하느님 영의 업적과 도구가 되었고 표징과 증인이 되었다. 하느님의 영은 교회를 채우고 있다. 교회는 성서의 표현을 따르자면 영이 채워져 있고 영이 활동하고 있는 성전이요 건물이다. 요컨대 **영의 집**이다. **개별교회**도 영의 집이요(1코린 3,16-17 참조) **전체교회**도 영의 집이다(에페 2,17-22 참조). 신앙인들은 영의 집으로 **지어지는** 사람들이요 영의 집을 **짓는** 사람들이다(1베드 2,4-7 참조).

영광받은 주님에 의해 전달된 하느님의 영은 이리하여 여러 면에서 교회의 존립 기초요 생명 원리이며 활동 능력임이 드러난다. 교회는 하느님의 능력과 권능에서 오는 영에 의해 충족되고 생활하며 유지되고 인도된다. 교회의 모든 원천·존재·존속이 영의 덕택이다. 이런 의미에서 교회는 **영의 피조물**이다. 그러나 이 표현이야말로 비단

― 영의 건물이라는 표현으로 드러나는 바 ― 교회의 성령의 일치만이 아니라, 동시에 적잖이 중요한 **차이**를 말해 준다.

교회는 성령이 아니다

교회와 성령을 동일시한다는 것은 위험하다. 성령은 교회의 영이 아니라 하느님의 영이다. 여기에 성령의 근본 **자유**의 근거가 있다. 성령이 그리스도 신자 안에 깃든다고 해서 단순히 그리스도 신자의 영은 아니듯이, 교회의 영도 아니다. 성령은 하느님의 영이다. 신약성서 어디서도 성령을 "교회의 영"이라고 부르는 곳은 없고, 항상 "하느님의 영"이나 "예수 그리스도의 영"이라고만 부른다. 이 영이 나오는 곳은 교회도 그리스도 신자도 아니요 하느님 자신이다. 이 영은 교회가 적용하고 부여하는 능력과 권능이 아니요 하느님의 그것이다. 이 영을 통하여 하느님은 교회 **안에** 활동하고, 교회**에게** 자신을 계시하며, 교회**에로** 내림하고, 교회**를** 설립·유지한다. 이 영은 교회를 통할한다. 그러나 교회 자체의 영이 되지는 않는다. 통할한다는 것은 유동적인 교류를 의미하는 것이 아니다. 이 영은 하느님 자신의 영이다. 따라서 언제나 **자유로운** 영이다.

　이 하느님의 자유로운 영에 의하여 교회를 이해할 수 있고 신앙인들이 하느님의 영으로 해방된 사람들임을 이해할 수가 있다. 그러나 하느님의 자유로운 영을 단순히 교회에 속하는 것으로 보거나 교회와 혼동해서는 안 된다.

　성령과 교회를 혼동하지 않기 위해서는, 교회를 "신성한" 존재라고 말하지 않는 것이 낫다. 그리스도 신자 개인도 물론 그가 성령으로 충만하고 성령의 지배를 받는다고 해서 "신성한" 존재가 되는 것은 아니다. 성령과 교회의 혼동을 피하기 위해서는, 교회와 그 영의 유기적 성장과 발전이라는 말도 하지 않는 것이 낫다. 낭만적·이상주의적 교회사관은 완전한 하느님의 영과 불완전한 교회의 차이를 간과하고 있다. 교회의 성장·발전에 위축·퇴보도 거듭 나타나는 까닭은 성령과 교회가 다르기 때문이다. 성령과 교회의 혼동을 막기 위해서는, 성령의 계시로서의 "교회의 신앙 감각"sensus fidelium이라는 말도 하지 않는 것이 낫다. 결코 교회의 신앙 감각이 성령의 계시의 근원과 규범이 될 수는 없다. 도리어 거꾸로 성령의 계시가 언제나 교회의 신앙 감각의 근원과 규범이다. 이상의 모든 실례에 의하여 구체적으로 뚜렷이 드러나거니와, 성령은 교회 내에서 어디까지나 항상 자유로운 영이다.

이로써 교회와 성령을 구별해서 본다는 것이 얼마나 중요한지가 분명하지 않은가! 처음부터 어떤 경우에나 성령을 대표하기는커녕, 오히려 행동으로 성덕을 실증해야 할 교회다. 구별을 인정함으로써만 교회의 인간적인, 너무나 인간적인 면모인 과오와 실패를, 죄와 잘못을 참으로 자유롭게 시인할 수 있다. 자신을 성령과 동일시하는 교회는 죄를 고백하는 기도Confiteor를 바칠 여지가 없다. 생각과 말과 행위로 많은 죄를 지었으며 자주 의무를 소홀히 했다고 고백할 능력도 자격도 없다. 어리석은 신학적 궤변과 아무도 납득시킬 수 없는 호교론이나 거듭하기 마련이다. 자기도취, 자기중심적 교회 관념에 빠지기 마련이다. 그런 교회야말로 **자유로운** 교회는 되지 못한다.

그러나 성령과 교회를 구별할 줄 아는 교회는 교회 내에도 죄와 허물이 있음을 냉정하고 겸손하게 인정할 수 있고, 이미 의화된 자로서 새로운 사죄를 받아 해방되리라는 희망을 가질 수가 있다. 믿고 순종하고 희망하면서, 자기 자신이 아니라 하느님의 성령에 모든 희망을 걸 수가 있다. 교만하게 자신을 자유로운 하느님의 영과 동일시하는 교회가 아무리 강하다고 생각하더라도 결국 약한 교회요 설사 자유롭다고 상상하더라도 필경 부자유한 교회라면, 겸손하게 자신을 자유로운 하느님의 영과 구별하는 교회는 비록 약함을 부인할 수 없더라도 결국 강한 교회요 온갖 부자유를 드러내면서도 필경 자유로운 교회다.

성령을 믿는다는 것credo *in* Spiritum Sanctum과 교회를 믿는다는 것 credo sanctam Ecclesiam은 같은 성질의 믿음이 아니다. 우리는 결국 우리들 자신인 교회를 믿는 것이 아니다. 교회인 우리는 하느님을 믿듯이 하느님과 다름이 없는 성령을 믿는다. 이렇게 성령을 믿을 때, 그것은 또한 거룩한 교회를 위해서도 최선의 배려가 된다.

성령은 어디서나 뜻대로 활동한다

성령의 활동은 교회에 의하여 제한될 수 없다. 성령은 교회의 직무에서만이 아니라 어디서나 뜻대로, 온 하느님 백성 안에서 활동한다. "성도"聖都 로마에서만이 아니라 어디서나 뜻대로, 한 교회의 모든 교회들 안에서 활동한다. 가톨릭 교회 내에서만이 아니라 어디서나 뜻대로, 온 그리스도교 안에서 활동한다. 또 그리스도교만이 아니라 역시 어디서나 뜻대로, 온 세상에서 활동한다.

하느님의 영의 능력은 **모든** 담장을, 교회의 담장도 꿰뚫는다. 물론 교회는 성령의 거처요 성전이다. 성령은 교회를 채우고 통할한다. 교회에서 성령의 능력이 특별히 드러난다. 교회에서 교회를 통하여 하느님의 말씀이 선포되고 성사가 주어진다. 그러나 하느님의 영은 교회에 거처를 두고 있으면서도 교회 안에만 거처하지는 않는다. 그분은 자유로운 주님의 자유로운 영이다. 비단 "성도"의, 비단 교회 직무의, 비단 가톨릭 교회의, 비단 그리스도교의 주님만이 아닌, 온 세상의 주님의 영이다.

여기서 문제가 제기된다: **그리스도인**들이, 교회 안에서 교회를 통하여 계시되는 성령은 온 세상의 주님의 자유로운 영이며 어디서나 뜻대로 활동할 수 있는 분임을 오롯이 믿었던들, 세상의 유수한 비그리스도교적 종교들에 대하여 좀더 조심스럽고 공명정대한 판단과 태도를 취하지 않았을까? **가톨릭 신자**들이, 가톨릭 교회 내에서 자기들의 온 희망을 걸고 있는, 또는 걸어야 하는 성령은 또한 온 그리스도교의 희망이요 힘이며 자유롭기를 원하는 분임을 오롯이 믿었던들, 다른 그리스도교 교회들에게 좀더 절도있고 개방적이며 친근한 판단과 태도를 취했을 것이 아닐까? **교회 지도자**들이, 성령은 확실히 교회 직무에도 약속되어 있지만 결코 특정한 특권층에만 유보된 "직무의 영"이 아니라, 믿고 사랑하는 모든 마음 안에 부어져 있는 하느님의 영이요, 모든 마음은 물론 머리 속에서도 자유롭게 활동할 수 있고 활동하기를 원하는 분임을 오롯이 믿었던들, 다른 그리스도 신자들에 대해 좀더 신중하고 관대하며 겸손한 판단과 태도를 취했을 것이 아닐까? 자유로운 영은 어디서나 뜻대로 활동한다.

성령은 언제나 뜻대로 활동한다

자유로운 하느님의 영은 임의적으로나 외견상 자유의 영이 아니라 진정한 자유의 영이다. 혼란이 아니라 질서의, 모순이 아니라 평화의 영이다. 이것은 세상에서만이 아니라 교회에서도 그렇다! 이것이 바로 바오로가, 자기들이 받은 영적 은혜를 자랑하여 교회 질서를 무시하는 코린토인들에게 상기시켜야 했던 것이다: "하느님은 무질서의 하느님이 아니라 평화의 하느님이십니다"(1코린 14,33). 교회 내의 자의와 무질서와 혼란은 결코 성령에 근거하는 것일 수 없다.

그러나 이것은 성령의 바람이 **불어야 할 때** 분다는 말이 아니다. 그보다는 **불고 싶을 때** 분다고 해야 한다. 교리나 실천상의 교회 율령에 의해 성령이 가령 지금 행동해야 하거나 행동해서는 안되는 것이 아니다. 물론 하느님은 절대적으로 자유로우므로 자신의 자유에 대해서도 구속조차 꺼릴 필요가 없을 만큼 한없이 자유롭다. 또 사실상 말씀과 성사로 스스로 구속받고 있다. 그러나 이것은 제한성이나 부자유의 증거가 아니라 도리어 전능한 초월적 자유의 증거다.

하느님의 영을 지배하는 것은 그 자신의 자유의 법 이외의 다른 법이 없고, 그 자신의 은총의 권리 이외의 다른 권리가 없으며, 그 자신의 성실의 권력 이외의 다른 권력이 없다. **교회의** 법, 교회의 권리, 교회의 권력이 하느님의 영을 지배할 수는 없다. 하느님의 영이야말로 교회법·교회 권리·교회 권력의 최고 지배자다. 따라서 교회 내에서 어떤 수단으로든 성령의 법과 권리와 권력을 장악하려 하는 자는 누구나 필연적으로 실패하고 만다. 교회는 성령을 장악할 수 없다. "소유"할 수 없다. 지배·제한·조종·지휘할 수 없다.

교회는 말씀과 성사를 통해서도 그렇게 할 수 없다. 거듭 강조하거니와, 하느님이 성령을 통해 교회의 말씀과 성사에 스스로 구속받는 근거는 교회의 법이 아니라 하느님의 자유요, 교회의 권리가 아니라 하느님의 은총이며, 교회의 권력이 아니라 하느님의 신의다. 이것은 하느님이 교회의 말씀과 성사로 구속받음이 하느님의 의무가 아니라 우리의 의무임을 뜻한다. 우리가 하느님에게 요구하는 것이 아니라 하느님이 우리에게 요구한다! 하느님은 우리의 조건 없는 **신앙**을 요구한다. 말씀도 성사도 자동적으로 이루어지지는 않는다. 신앙이 없으면 효과가 없다. 말씀이나 성사로, 더구나 법과 권리, 권력과 규율로 성령을 좌우할 수 있다고 생각하는 사람은, 바로 성령이 요구하는 신앙 — 즉, 자기 자신이나 교회의 권리와 법, 자기 자신이나 교회의 권력과 규율이 아니라 하느님의 은총과 신의에 의지하는 신앙 — 이 결여된 사람이다. 성령의 바람은 불어야 할 때 부는 것이 아니라 불고 싶을 때 분다는 것은 교회 안에서도 항상 진실이다.

여기서도 몇 가지 문제가 제기된다: 가톨릭 성사론이, 성사의 사효성事效性: opus operatum도 성령의 활동Spiritus operans을 강제할 수는 없으며 신앙으로 성령에 복종해야 하는 것임을 언제나 전제로 삼았던들, 그 사효성 이론을 더욱 세밀하고 정확하게 다루지 않았을까? 가톨릭 교회법이, 교회의 법전과 규칙들이란 상응한 의의와 목적에 한해서 하느님 요구의 구체화로 이해될 수 있는 것이지 마치 교회가 성령으로 하여금 이러이러한 경우에는 반드시 이러이러하게 하라고 요구할 수 있는 것처럼 이해될 수는 없다는 것을 어디서나 인식하고 있었던들, 그 모든 법전과 규칙들을(가령 성사의 이해에서) 훨씬 조심스럽게 운용하지 않았을까? 또 가톨릭 교회가 다른 그리스도교 교회들의 말씀과 성사(예컨대 혼인·서품·성찬식의 유·무효성)에 관해 판단할 때에도, 언제나 어디서나 뜻대로 활동하는 성령의 자유를 전제했던들, 따라서 대개의 경우에는 확실한 **부정적** 판단이 불가능하다는 것을 전제했던들, 그 판단은 좀더 조심스럽지 않았을까?

교회는 성령에게 명령하고 성령을 규제해서는 안 된다. "오소서" veni라고 기도하고 청할 수 있을 뿐이다. 물론 하느님의 영은 교회의 집 안에 산다. 물론 교회에 머물고 교회를 통하여 활동한다. 그러나 하느님의 영이 교회에 살고 머물고 활동하는 것은 법에 의하여 그렇게 해야 하기 때문이 아니라 성실성에 의하여 그렇게 원하기 때문이다. "여러분을 부르신 분은 진실하시니 그분께서 그렇게 해 주실 것입니다"(1데살 5,24).

우리가, 교회인 우리가 혹시라도 잊을 수 있는가? 우리는 의화된 사람들이면서도 죄인임을! 거듭 새삼 죄인임이 드러나고, 따라서 하느님의 영을 거역하고 있음을! 그분을 "근심케" 하고 우리 편에서 보면 그분을 잃을 수도 있음을! 잊어도 좋은가? 우리의 신앙도, 그것이 확신을 주는 것이면서도 거듭 새삼 시련과 위협을 받고 있음을! 거듭 새삼 하느님의 충실성과 은총에 매달릴 수밖에 없음을! 따라서 하느님의 영이 우리들에게, 교회에 머문다는 것이 결코 당연한 것은 아님을! 우리들에게 항상 참회를 거듭하면서 부르짖는 일 외에 달리 무슨 방도가 있는가? 비단 "오소서 성령이여"veni Sancte Spiritus만이 아니라 또한 "머무소서 성령이여"mane Sancte Spiritus라고! "우리는 불충하오나 당신은 충실하시니 우리에게 머무소서"라고! 교회는 그 모든 지체 안에서 실패를 거듭하면서도 자유로운 하느님의 영을 잃어버린 일이 없다. 이것은 당연한 일이 아니라 하느님 충실성의 기적이다. 하느님의 충실성은 당연한 전제가 될 수 있는 것이 아니라 끊임없이 믿고 청해야 할 그런 충실성이다.

카리스마(은사)의 공동체

지금까지는 성령의 활동을 너무 일반적으로 설명했다. 성령이 **공동체**에 주어져 있음은 물론이다. 그러나 공동체는 세례를 통하여 입교한 개개의 신앙인들로 이루어진다. 성령을 통한 하느님의 활동은 교회 내의 개인을 향한 것이다. 그것은 구체적·개인적이다! 이것은 교회의 카리스마적 구조라고 부를 수 있는 것에 의하여 교회의 영적 현실을 설명하면 즉시 뚜렷이 드러난다.

카리스마(은사)의 재발견은 특히 바오로 교회론의 재발견이다. 바오로에 의하면 카리스마는 일차적으로 예외적이 아니라 일상적이요, 형태가 단일한 것이 아니라 다양하며, 특정인들에게 한정된 것이 아니라 전혀 일반적인 현상이다. 나아가 여기서 동시에 나오는 결론으로, 카리스마는 단순히 옛날 일(초대 교회에 있을 수 있었거나 실지로 있었던 일)만이 아니라 극히 현실적인 현재의 일이며, 비단 부수적인 현상이 아닌 극히 본질적인 교회의 중심 현상이다. 이런 의미에서 **교회의 카리스마적 구조**는 교회의 **직무 구조를 포괄하고 능가하는** 구조로서 논의되어야 한다.

가장 넓은 의미의 카리스마는 **개인에게 공동체 내의 특정한 봉사의 직책을 부과하고 동시에 이 직책을 수행할 능력을 부여하는 하느님의 부르심**이다. 은사와 소명과 봉사는 서로 의존 관계에 있으며 용어상 부분적으로 서로 교차 관계에 있음이 드러난다. 코린토 전서 12,4-6에서는 은사가 봉사의 직책과 교차하며, 로마서 11,29와 코린토 전서 7,7에서는 소명과 교차한다. "봉사"의 전제가 되는 것이 "카리스마(은사)"요 "부르심"이다.

카리스마를 이렇게 이해하여 단순히 기이하고 예외적이며 기적적인 능력으로 보지 않고 가장 넓은 의미로 보면, 그것은 또한 간단히 "은혜"(은총의 선물, 천부의 자질, 은사)라는 말로 번역될 수도 있다(일상 언어에서도 "은혜"와 "소명"은 — 가령 영어의 gift와 vocation, 독어의 Gabe와 Berufung을 비교하라 — 자주 거의 동의어로 쓰인다). 다만 여기서 전제해야 할 것은, "은혜"로서의 카리스마를 자율화하여 그것을 주는 분과 독립된 것으로 보아서는 안 된다는 것이다. 모든 카리스마는 성령을 통해 부여되는 하느님 은총과 능력의 표현이다.

카리스마(은사)의 질서

그러면 교회에 충만한, 이 엄청나게 다양한 카리스마의 세계에서는 어떻게 다양성 속에서도 통일성이, 자유 속에서도 질서가 보존될 수 있는가? 여기서 기본적인 대답은, 성령은 일치를 낳고 질서를 낳는다는 것이다: "은사는 물론 여러 가지로 나뉘어 베풀어지지만 영은 같은 영이십니다. 그러나 각자에게 영을 드러내는 은사가 베풀어지는 것은 공익을 위한 것입니다"(1코린 12,4.7).

즉, 카리스마를 받은 사람들에게는 다양성이 평준화됨으로써 일치와 질서가 이루어지는 것이 아니다. 그렇다, 각자가 **자기의 카리스마를 가지는 것**이야말로 일치와 질서에 기여한다. **각자에게 자기의 것을** ─ 이것이 카리스마적 교회 질서의 기본 원리다. 누구도 자기를 남보다 높이고 모든 것을 장악하여 자기에게 종속시키려 해서는 안 된다. 각자에게 자기의 것을 허용하지 않고 그것을 빼앗는 자야말로 질서가 아니라 무질서의 조장자다(1코린 12,12-30 참조). 다만 각자가 가진 카리스마는 자기 자신을 위한 것이 아니라 남을 위한 것이다. **서로가 서로를 위하여** ─ 이것이 카리스마적 교회 질서의 둘째 원리다. "영의 열매"(갈라 5,22)가 무엇보다도 개인의 성화와 결부된다면(사랑·기쁨·평화·인내·친절·양선·성실·온순·절제), 그 이상으로 카리스마는 "교회의 성장"(1코린 14,12 참조)을 지향한다(에페 4,12-13 참조). 그러므로 그리스도 신자는 자기 카리스마를 교회 안에서 지위와 권력을 얻기 위한 수단으로 사용할 것이 아니라 남과 전체에 봉사하기 위한 은혜로 삼아야 한다. 따라서 사랑이 성령의 첫 열매요 최고의 카리스마다(1코린 13

장 참조). 카리스마는 십자가와 봉사와 사랑의 길을 호소한다. **주님께 순종을** — 이것이 (영을 식별하는 기준을 상기하라) 카리스마적 교회 질서의 셋째 원리다. 이것은 그리스도인 각자가 교회 내에서 질서를 지킴을 의미한다. 각자가 한 영 안에서 각자의 카리스마를 가지고 한 주님께 순종하면서 서로 사랑으로 봉사함을 의미한다. 모든 카리스마를 부여하는 근원은 동일하다. 하느님 자신이 그리스도를 통하여 성령 안에서 모든 카리스마를 부여한다. 모든 카리스마를 지배하는 "법"은 동일하다. 모든 카리스마가 "사랑의 법" 아래에 있다. 모든 카리스마가 지향하는 목적은 동일하다. 공동체의 건설이 모든 카리스마의 목적이다.

카리스마에 의해 규정되는 교회 질서란 그러므로 혼란과 무질서로 흐르고 마는 열광도 아니요 획일과 균일로 얼어붙고 마는 율법주의도 아니다. 그것은 자유의 질서다. "주님의 영이 계신 곳에는 자유가 있습니다"(2코린 3,17). 팔레스티나 전통의 유대교 회당 조직에 의거하여 성립된 초대 교회의 조직도 — 이것은 비교적 일찍이 상당한 근거를 가지고 이미 바오로가 세운 교회들에서도 통용되고 있었고(사도행전의 감독 지명과 필리 1,1 참조) 사도들의 후계자 문제도 해결했다 — 성직자 지배제도의 기원으로 격하시킬 것이 아니라, 교회의 기본적 카리스마 구조를 배경으로 해서 보아야 할 것이다.

그러나 이 카리스마적 기본 구조 역시 잠정적이다. 이 역시 종말론적 시대의 "이미"와 "아직"에 종속되어 있다. 이 역시 중간시대의 "불완전한" 것에 속하며 종말의 완성과 더불어 끝날 것이다: "온전한 것이 오면 단편적인 것은 없어지고 맙니다"(1코린 13,10).

그리스도 신자 각자의 카리스마를 인정하고 개발하고 촉진하며 발전시킨다면, 그런 공동체, 그런 교회 안에는 얼마나 활력과 생명이 넘치랴! "영을 끄지 말고 예언을 업신여기지 마시오"(1테살 5,19-20). 그러나 이 구절 다음에 나오는 구절에는 이미 성령의 활동과 성령에 의해 움직이는 인간의 활동 사이에 긴장과 어려움이 생길 수 있다는 것이 드러나고 있다: "모든 것을 살펴보고 좋은 것을 지키시오. 갖가지 형태의 악을 멀리하시오"(1테살 5,21-22).

영은 말씀에 매여 있다 — 이것은 열정과는 대립되는 것임에 틀림없다. 그러나 영은 말씀으로 격하되지 않는다 — 이것은 열정을 지지하는 것임에 틀림없다. 말씀에 매이기를 포기하고 영에만 의지하려는 교회는 지나친 열정에, 성령의 광신에 빠진다. 역으로 말씀에만 의지하여 영을 말씀으로 격하시키려는 교회 역시 지나친 열정에, 말씀의 광신에 빠진다. 그리고 고립된 성령이 신화神話가 될 수 있듯이, 고립된 말씀도 신화가 될 수 있다. 신약성서에는 일변도一邊倒가 없다. 성자와 더불어 성령이, 신앙과 더불어 사랑이, 의화와 더불어 성화가, 설교와 더불어 봉사가, 말씀과 더불어 이미지가, 즉 — 이어서 논하려니와 — 말씀과 더불어 성사가 있다. 우리는 에클레시아로서의, 하느님 백성으로서의, 영의 피조물로서의 교회를 논해 왔거니와, 어느 경우에나 세례와 성찬을 지적해야 했다. 세례와 성찬 없이 교회란 없다! 그러나 지금까지 피상적으로만 지적된 바를 이제 짧게나마 좀 더 근본적으로 논할 차례가 되었다. 이로써 동시에 새로운 관점이 전개된다. 즉, 교회는 비단 하느님의 백성이나 영의 피조물만이 아니라, 또한 — 같은 것이나 달리 논해서 — 그리스도의 몸이다.

7 교회는 그리스도의 몸

성찬 공동체로서의 교회

주의 만찬은 교회와 교회의 여러 예배행위의 중심이다. 여기서 교회는 온전히 주님과 함께 있고 따라서 온전히 본연의 존재가 된다. 여기서 교회는 모여서 함께 먹는다는 가장 깊은 친교親交에 이른다. 그리고 이 친교로 세상에서 봉사할 힘을 얻는다. 이 식사는 기념과 감사의 식사이므로, 교회는 본질적으로 감사하며 기념하는 공동체다. 이 식사는 계약과 친교의 식사이므로, 교회는 본질적으로 줄기차게 사랑하는 공동체다. 이 식사는 종말의 잔치를 미리 맛보는 것이므로, 교회는 본질적으로 자신있게 기다리는 공동체다.

교회는 그러므로 본질적으로 식사의 친교다. 본질적으로 친교요 일치요 상통이다 koinonia, communio. 본질적으로 그리스도와의 친교요 그리스도 신자 상호간의 친교다. 그렇지 못하다면 그리스도의 교회가 아니다. 주의 만찬에서 교회는 하느님의 에클레시아요 집회요 공동체임이 비할 데 없이 분명히 드러난다. 주의 만찬에서 교회는 그야말로 거듭 새로이 구체화된다. 교회가 교회임이 세례 덕분이지 그 자신의 경건한 행업 때문이 아니라면 교회가 온갖 과오와 실수를 범하면서도 계속 교회임은 주의 만찬 덕분이다. 바꾸어 말해서 하느님 편에서 볼 때, 세례가 교회를 위하여 특별히 선택하고 의화하는 은총의 표징이라면, 주의 만찬은 보존하고 완성하는 은총의 표징이다. 그리고 인간 편에서 볼 때, 세례가 교회를 위하여 특별히 응답하는 신앙과 순종의 표징이라면, 주의 만찬은 응답하는 사랑과 희망의 표징이다.

그러나 바오로는 "빵이 **하나**이니, 우리는 여럿이지만 **한 몸입니다**"(1코린 10,17)라는 말로 더 많은 것을 말해 주고 있다. 주의 만찬에 참여하는 사람들은 영성체communio를 통하여 한 **몸**으로 결합된다. 그 빵은 그리스도의 몸이기 때문이다. 주의 몸을 먹는 사람들은 그들 스스로가 한 몸이 된다. 주의 몸을 받음으로써 공동체 자신이 한 몸으로 나타난다. 그리스도의 몸에 참여함으로써 믿으면서 먹는 사람들은 그리스도의 몸이 된다. 주의 만찬에서 몸으로서의 공동체가 구체화된다. 물론 성찬식을 거행할 때에만 공동체가 그리스도의 몸인 양해서는 안 된다! 그러나 모두가 한 빵을, 한 주님의 몸을 먹는 성찬식에서야말로 다른 어디서보다도 구체적으로 공동체가 그리스도의 몸이라는 것이 드러난다. 바오로가 주의 만찬이 참으로 식사라는 것을 그처럼 중요시하는 것은 이때문이다. 참으로 함께 음식을 나누어 먹지 않는 곳, 분열이 있는 곳, 저마다 자기 음식을 먼저 먹는 곳, 어떤 사람은 주리고 어떤 사람은 취해 있으며 아무도 남을 기다리지 않는 곳(1코린 11,17-34), 그런 곳에서는 진정한 식사의 친교가 이루어질 수 없고, 진정한 주의 만찬도 있을 수 없으며, 다같이 "심판"을 받게 된다(1코린 11,34). 주의 만찬에서도 물론 말씀의 설교가, 하나의 "선포"(11,26)가 이루어진다. 그러나 말씀의 선포 이상으로 중요한 사실로서 이 공동식사에서 뚜렷이 드러나는 것은 신앙인들이 서로 결합된다는 것이요, 참으로 친교를 나눈다는 것이며, ― 바야흐로 바오로 자신의 독특한 관점에서 ― 한 몸을 이룬다는 것이다.

교회에 현존하는 그리스도

누가 "그리스도의 몸"인가? 일반적으로 인정되는 바오로의 가장 오래된 편지들에 의하면 그리스도의 몸은 지방 공동체임이 분명하다. 코린토 전서와 로마서의 그리스도의 몸은 개별 공동체다. 그런데 콜로사이서와 에페소서에서는 이것이 전체교회를 가리킨다. 이 — 확실히 매우 이상화된 — **온 세계의** 교회가 에페소서와 콜로사이서에서는 그리스도의 몸이다. 그리고 여기서는 각 지체 상호간의 관계보다는 몸과 머리의 관계가 중요한 관점으로 등장한다. 그리스도는 이제 뚜렷이 교회의 "머리"로서 나타난다.

십자가에서 죽은 예수는 부활한 주님으로서 교회에 현존한다. 교회 없이 그리스도 없고 그리스도 없이 교회 없다. 교회에 대해 그리스도는 멀어져만 가는 과거의 일도, 멀거나 가까운 미지의 미래의 일도 아니다. 그는 만인의 주님으로서 알건 모르건 온 인류를 지탱하고 있으며, 교회 안에 현존하고 있다. 교회의 생명은 그리스도가 과거에 행한 업적의 결과나 미래에 완성될 그의 업적의 기대만이 아니라 현재에 활동하고 있는 그리스도의 생생한 현존에서 나온다. 복음 선포는 그리스도 안에서 이루어진 한때 하느님의 구원행위를 보고하는 것에 그치는 것이 아니라, 그 말씀 안에서 그리스도 자신이 일하고 있다. 둘이나 셋이 그분 이름으로 모여 있는 곳에는 그 가운데 그분이 있다 (마태 18,20 참조). 세상 끝날까지 우리와 함께 있다(마태 28,20). 교회 안에서 활동하고 있는 것은 그분의 활동 결과나 그분의 역사상의 의의만이 아니다. 바로 그리스도 자신이다. 그리스도를 통하여, 그리스도 안에서, 그리스도를 향해서 교회는 존재한다.

그리스도는 교회의 생활 전체에 현존한다. 그러나 특별히 두드러지게 **예배 모임**에 현존한다. 여기로 우리는 그리스도의 복음에 의하여 부름을 받았고, 여기에 세례를 통하여 받아들여졌으며, 여기서 주의 만찬을 거행하고, 여기서부터 다시 세상에 봉사하기 위하여 파견된다. 이 예배 모임에서 하느님이 교회를 돌보고 교회가 하느님을 섬기는 것이 특별한 모양으로 이루어진다. 여기서 하느님은 당신 말씀을 통하여 교회와 이야기하고 교회는 기도와 찬미가의 응답에 의하여 하느님과 이야기한다. 여기서 십자가에서 죽고 영광 중에 부활한 주님이 당신 말씀과 성사를 통하여 현존하게 된다. 그리고 여기서 우리는 우리를 주님께 바친다. 주님의 복음을 믿으면서 듣고, 우리의 죄를 고백하고, 하느님의 은총을 찬양하고, 예수의 이름으로 아버지께 청하고, 우리 가운데 현존하는 주님과 함께 먹으며, 서로 신앙을 증거하고 서로 기도함으로써 서로 섬길 기틀을 마련한다. 여기서 완전히 근원적으로 하느님의 에클레시아 · 집회 · 공동체 · 교회가 존재하고 발생한다.

    그리스도는 이처럼 모든 예배의 모임에 **온전히** 현존하므로, 지방 교회의 모든 예배집회는 완전한 의미에서 하느님의 교회요 그리스도의 몸이다. 물론 다른 ― 역시 교회요 그리스도의 몸인 ― 지방 공동체도 존재하는 한, 개별 지방 공동체가 그대로 교회 자체요 그리스도의 몸 자체인 것은 아니다. 그러나 개별 공동체 안에도 주님이 참으로 온전히 나누임이 없이 현존하고 있으므로, 이 역시 교회요 그리스도의 몸이다. 그리고 이 개별 공동체와 다른 모든 공동체 안에 참으로 온전히 나누임이 없이 주어지는 것은 동일한 주님이므로, 이들 공동체는 서로 아무 관계가 없거나 완만한 관계만이 있는 것이 아니라, 모두가 함께 한 성령 안에서 한 하느님의 교회이며, 한 그리스도의 몸으로서 한 주님과의 친교 · 일치 *koinonia*, communio를 통하여 서로의 친교 ·

일치를 이룬다.

교회에 동화하는 그리스도?

그리스도의 몸에 관하여 신약성서에서 몸과 머리를 동시에 언급하고 있는 곳에서는 몸으로서의 교회 자체보다 교회의 머리로서의 그리스도에 역점이 주어지고 있다. 콜로사이서와 에페소서에서 강조하고 있는 것은, 교회가 그리스도를 재현하는 몸이라는 것이 아니라, 그리스도가 생생하게 활동하시는 교회의 머리라는 것이다. 몸으로서의 교회를 고찰한다 하더라도 그것은 특별히 머리에 의하여 성령 안에서 주어진 일치를 강조하기 위한 것일 뿐이다.

물론 그리스도와 교회 사이에는 하나의 내적 일치가 존재한다. 그러나 이런 관계가 있다고 해서 마치 교회가 교회 자신의 머리가 될 수 있는 것처럼 생각할 수는 없다. 이런 의미에서 자주·자율의 교회란 없다! 물론 그리스도는 교회에 자신을 내어준다. 그러나 결코 몸인 교회와 동화하지는 않는다. 그리스도는 머리다. 어디까지나 머리다. 머리는 몸을 통치한다. 머리라는 개념에는 항상 통치라는 개념이 포함되어 있다. 몸은 전적으로 머리에 의존한다. 그리고 교회가 그리스도를 머리로 삼는다는 것은 지극히 중요한 일이다. 그렇지 않고서는 그리스도의 몸이 될 수도 없다.

그리스도는 교회에 현존하면서도 어디까지나 교회의 주님이다. 여기서 일방적으로 유기체적 이미지(머리와 몸, 포도나무와 가지 등)에만 집착하면, 성서의 이미지들은 모두가 고립·절대화하여 거짓이 되고 만다는 것을 간과하게 된다. 그리스도와 교회의 관계를 표상하는 유기체적 이미지들은 항상 인격적인 이미지들(신랑과 신부, 남편과 아내)로 보충·수정되어야 한다. 그리스도와 교회의 생명의 결합 관계는 인격적인 상호 관계를 내포한다. 교회는 그리스도로부터 생명과 동시에 약속과 지시를 받는다. 아니, 약속과 지시를 받고 바로 그때문에 생명을 받는다. 교회는 항상 규범적으로 그리스도와 결부되어 있다. 교회의 자율성은 전적으로 이 타율성 안에서 존립한다.

따라서 교회를 "신인적"神人的 존재라고 표현하는 것은 오해와 오도誤導의 위험이 있다. 이것은 구별을 등한시한 채 일치를 강조하는 표현이다. 마치 그리스도가 교회의 일부에 불과하고 교회의 주님이요 몸의 머리가 아니며 교회와 동화되어 버린 양, 그릇된 인상을 준다. 그리스도와 각 그리스도인 사이에 실체적 일치란 없듯이 그리스도와 교회 사이에도 그런 일치란 없다. 교회는 어디까지나 신앙인들의, **그리스도를** 믿는 사람들의 공동체다. 이 신앙의 관계는 결코 불변이다. 어디까지나 그리스도에 의해 성화되는 교회요, 죄를 거듭하는 인간들로 이루어지며, 따라서 거듭 고백의 기도Confiteor와 영성체 전 고백의 기도Domine non sum dignus를 바쳐야 할 교회다.

교회에 계승되는 그리스도?

그리스도의 몸은 성장한다 — 이것은 콜로사이서와 에페소서의 중요한 진술이다. 몸은 머리에 의해 자란다. "온 몸은 머리로부터 관절과 힘줄을 통해 영양 공급을 받고 일치하여 하느님께서 자라게 하시는 대로 자라나는 것입니다"(콜로 2,19). "몸의 머리"요 "죽은 자들 가운데서 처음으로 살아난 분"인 그리스도는 성장의 "시작"이다(콜로 1,18 참조). 몸은 머리를 향해 자란다. 마디마다 "머리이신 그리스도 그분을 향하여 온전히" 자란다(에페 4,15). 그리스도는 모든 지체가 연결되어 있는 "완전한 사람"이며 성장의 목표다(에페 4,13). 그리스도의 몸은 **내적으로** 성장한다. 이것은 "내 육신으로 그리스도의 몸인 교회를 위하여 그 수난의 부족한 것을 마저 채우는" 그런 "고난"에 의해 이루어지는, 신앙과 인식과 사랑의 성장이다(콜로 1,24). 그리고 **외적으로도** 자란다. 이것은 복음의 설교를 근거로 세례에 의해 합체되는 새로운 지체들의 성장이다. 이리하여 교회는 "만물 안에서 만물을 충만케 하시는 그분의 충만"이다(에페 1,23). 교회는 자기 몸으로 모든 것을 성취하는 그리스도의 성취다.

그러나 이로써 이미 분명하거니와, 그리스도의 몸의 성장은 존재론적 필연성을 가지고 이루어지는 유기체적 성장이 아니다. 매사가 향상·개선되기만 하는, 계속적인 진보·발전·완성의 교회인가? 그런 낙관적·이상주의적 교회사관은 신약성서와 교회사상으로 근거가 없다. 그리스도가 교회의 머리요 교회 성장의 근원이며 목표인 한, 교회는 이 머리에 순종함으로써만 성장이 가능하다. 머리와 그의 말씀에 순종하지 않는 교회는 겉으로 아무리 분주하게 활동한다 하더라도 성장하는 것이 아니라 위축한다. 아무리 눈부신 발전을 보인다 하더라도 궁극에는 그것이 불구의 성장임이 드러나고, 아무리 거대한 진보를 보인다 하더라도 필경에는 그것이 비참한 퇴보임이 드러난다. 교회 내의 진정한 활동은 하느님의 은총에 의하여 움직여지는 활동이다. 자동적·존재론적인 교회의 성장이란 없다. 오직 역사적 성장이 있을 뿐이다. 교회의 역사상 활동을 통하여 그리스도가 세상에 깊이 들어올 때 교회는 참으로 성장한다. 즉, 외적으로는 널리, 이방인 선교를 통하여 만인이 그리스도 안에 선택되었다는 그리스도의 신비가 계시되고, 내적으로는 깊이, 믿고 사랑하는 사람들을 통하여 세상 안에 그리스도의 통치권이 수립된다. 바로 이 믿고 사랑하는 사람들의 행동을 통하여 현세의 모든 분야의 일상생활 안에는 악령들의 힘이 미치지 못하는 그리스도의 왕국이자 하느님의 피조물로서의 세계가 드러나는 것이다. 이것이 바로 콜로사이서와 에페소서의 메시지이다.

신약성서의 메시지 앞에서는 교회의 성장이라는 관념에 의해 그리스도의 통치가 흐려지거나 등한시될 여지가 없다. 교회를 가리켜 "그리스도 생애의 연장"이니 "강생의 지속"이니 하는 것은 오해도 이만저만이 아니다. 이렇게 되면 그리스도와 교회가 동일시되어, 결국 교회의 주님이요 머리인 그리스도는 교회 뒤로 물러나고 교회 자신이 계속 새로 강생하는 현재의 그리스도로서 행세하는 셈이다. 주님이요 머리인 그리스도는 교회에 양위讓位하고, 교회가 그리스도의 자율적 전권대리자가 되며, 따라서 결국 그리스도는 실권 없는 존재가 되고 마는 셈이다. 교회 안에서 교회를 통해 이루어지는 그리스도의 활동이 교회 자신의 활동이 되는 셈이다. 이같은 그리스도의 연장으로서의 교회가 제각기 현시점에서 필요로 하는 본래의 그리스도란, 근본적으로 과거의 고인故人으로서의 그리스도에 지나지 않는다. 그러나 **진정한** 그리스도 생애의 연장이란 바로 성부의 영광 속에 높임받은 그리스도가 아닌가! 교회에 양위하기는커녕, 부활에 의해 교회와 세계에 대한 통치권을 확립하고 그것을 마지막 날에 성부께 양도할 때까지 장악하고 있는 그리스도가 아닌가!(1코린 15,20-28 참조) 물론 그리스도 생애의 연속을 자처하는 교회라고 해서 그리스도를 부인하려는 교회는 아니다. 그것은 오히려 자신을 그리스도와 동일시함으로써 그리스도를 긍정하려는 교회다. 사람들은 실상 교회에만 의지하면 그만이고, 그럼으로써 그리스도 자신에 의지하는 셈이다. 이런 교회는 몰아적인 듯 자기를 주장하고 겸손한 양 자기를 내세우며 삼가면서도 자기를 지키는 교회가 된다. 믿는 대신 아는 교회, 아쉬운 대신 풍족한 교회, 순종하는 대신 권위를 관철하는 교회가 된다. 아마도 이론상·원칙상으로만이 아니라 실천상·사실상으로도 그럴 것이다. 스스로 주인으로 나섰으니 더는 주인이 필요없다. 그리스도의 대리자로서 오직 스스로 책임을 지고, 매우 인간적인 자신의 명령을 그리스도의 명령으로 내세우며, 인간의 계명을 하느님의 계명으로 삼는다. 이런 교회는 교회 자체의 한 희화다. 이런 교회가 과연 있을까? 있다. 그리스도로 자처하게 된 이런 자율·자주의 교회가 항상 존재한다는 것을, 적어도 하나의 크고 경건한 유혹으로서 항상 존재한다는 것을 부인할 수 있는 사람은 아무도 없다.

그리스도께 순종을!

교회는 그리스도와 그분의 계시에 대하여 순종해야 할 위치에 있다. 어느 한 순간이라도, 아무리 교회의 역사가 발전한다 하더라도, 교회가 이 순종의 위치를 떠나 지배의 위치에서 그리스도와 그분의 말씀을 좌우할 수는 없다. 교회는 자주 실로 기이한 우회 수단으로 그리스도와 그분의 말씀을 억지로 자기 "소유"로 삼으려 했지만, 그런 때는 으레 조난을 당했다. 그러나 교회가 본연의 자기를 되찾기 위하여, 그리스도의 몸이 되고 소유가 되기 위하여 항상 그리스도의 말씀에 복종함으로써, 흔히 갖가지 저항을 받으면서도 그리스도께로 되돌아갔을 때는 으레 새로운 생명을 발견했다. 교회의 교도권도 결코 교회 자체에서 직접 나오는 것일 수 없고 항상 그리스도의 말씀에서 나온 것일 수밖에 없다. 결코 교회에 의하여 흡수·격하되어 버릴 수는 없는 그리스도의 말씀은 동시에 교회 가르침의 기본이요 한계다. 교회가 만일 자신의 교도권을 신성화한다면, 그런 교회에는 이미 그 자신의 생명의 원천인 그리스도의 말씀의 지배가 없는 것이므로, 교도권 자체가 공허한 것이 된다. 그러나 겸손하고 조심스럽고 감사하는 마음으로 그리스도의 말씀의 권위에 복종하고 그것을 자기 소유로 삼으려는 것이 아니라 듣고 전파하고 실천하려 하는 교회는 인간이 줄 수 없는 권위를 얻는다. 그렇다, 교회는 "그리스도 생애의 연장"이 될 필요가 없다. 그것은 교회가 감당할 수 없는 역할이다. 그러나 그리스도의 몸 ― 이것은 교회가 될 수 있고 또 반드시 되어야 한다.

이로써 교회의 기본 구조에 관한 우리의 고찰은 끝났다. 에클레시아를 하느님의 백성과 성령의 피조물과 그리스도의 몸으로 규정함으로써 ― 그리고 이것은 추상적인 "본질론"만이 아니라 신약성서의 구체적·역사적인 관찰 및 그 현실적인 적용의 시도였다 ― 우리는 교회의 근원에 근거하여 현실 교회의 역사적 본질에 대하여 말할 수 있는, **기본적으로** 중요한 모든 것을 말했다.

이 밖에 이미 말한 모든 것은 이에 대한 설명·부연으로 보아야 한다. 지금까지 우리가 현재의 교회를 재고하고자 특별히 (전적으로는 아니고) 교회의 근원에서 출발하여 교회를 관찰했다면, 이제 우리는 교회의 근원을 계속 염두에 둔 채 특별히 (역시 전적으로는 아니고) 현재의 교회에서 출발하여 교회의 본질을 고찰할 것이다.

8 교회의 단일성

참 교회라는 문제

새 시대는 새 형태를 요구한다. 그러나 아무리 형태가 변한다 하더라도 그리스도를 통한 하느님의 구원활동에 의하여 주어진 교회의 기본 구조는 교회가 참 교회로 머물러 있는 한 계속 보존된다. 변하는 형태마다 그 자체로 본질에 맞는 것은 아니다. 자유와 책임을 가진 인간의 과오로 말미암아 본질과 형태의 간격 — 오해와 실수, 오판과 기형적 발전 — 이 생길 수 있다. 그리하여 본질에 맞는 형태와 본질에 반하는 형태가 있을 수 있다. 본질에 맞는 현실과 본질에 반하는 현실이 있을 수 있으며, 이런 의미에서 참 교회와 거짓 교회가 있을 수 있다. 그리고 여기서 참 교회와 거짓 교회를 구별할 수 있는 기준이라는 문제가 제기된다.

단일성單一性과 성성聖性과 보편성普遍性과 사도성使徒性은 참 교회의 특징이라 할 수 있는가? 종교 개혁자들도 이 네 가지의 전형적 속성을 부인하지 않았다. 오히려 초대 교회의 신앙고백문을 뚜렷이 고수했다. 그러나 그들은 — 개별 공동체들과 교회 개혁 문제에 비추어 — 어떤 다른 결정적으로 중요한 것이 있다고 보았다. 그들도 역시 어디에 참 교회가 있는가를 물었다. 그러나 그들의 대답은 신학적인 동시에 논쟁적이었다: 복음이 순수하게 가르쳐지고 성사가 바르게 집행되는 거기라고! 그러나 이러한 배타적인 문제 제기는 이미 낡은 것이다. 오늘날 가톨릭이나 개신교에 이 특징적 문제는 이미 분명해졌다.

개신교의 특징 문제

개신교의 전형적인 두 특징에 대하여 가톨릭 신학이 어떤 적극적인 이의를 제기한 일은 없다. 성서에 맞는 복음 설교와 합목적적인 성사 집행 없이 참 교회란 없다는 것은 가톨릭 입장에서도 마찬가지다. 이 두 가지는 그야말로 가톨릭 교회가 절대적으로 요구해 온 것이다. 다만 **소극적으로**, 이 두 특징이 참 교회를 식별하는 특징은 아니라는 이의가 제기되었을 뿐이다. 이 둘은 **가시적**인 것이 아니며 교회의 참된 면보다는 숨은 면을 드러내는 역할을 한다는 것이다. 중세 후기 교회의 실태, 즉 당시의 교회가 설교와 신학과 교회 생활에서 본래의 복음 메시지를 등한시하고 무시했을 뿐 아니라 성사 집행(특히 미사와 고백성사)에 수많은 잘못이 있었음을 볼 때, 성서적 복음 설교와 합목적적인 성사 집행이라는 두 비판 기준은 가톨릭 측에서 즐겨 주장하듯이 그렇게 쓸모없는 것은 결코 아니다. 이것은 당시보다 오늘날 더 쉽사리 인정될 것이다. 그러나 한편 이 두 기준에 근거해서는 개신교를 광신자들이나 가톨릭 교회와 구별하기가 점점 더 어려워졌다는 것도 부인할 수 없다. 광신자들이야말로 순수한 복음을 전파하고 성사를 바르게 집행해야 한다고 열을 올렸다. 그리고 가톨릭 교회 역시 트리엔트 공의회와 특히 근래의 개혁을 통해 그 복음 설교와 성사 집행을 전혀 부정적으로만 판단할 수는 없게 되었다. 어떻든 이미 가톨릭 교회의 진실성 문제는 일반 원칙만으로 간단히 결정될 수는 없게 되었다. 오늘날 프로테스탄트 교회들도 가톨릭 교회에 대한 더 세밀한 대답을 얻기 위해서는 본래의 메시지를 극히 구체적으로, 비판적·자기 비판적으로 재고하지 않을 수 없게 된 것이다.

가톨릭의 특징 문제

이미 지적한 대로 개신교 신학은 교회의 네 가지 전통적 속성에 대하여 원칙적으로 아무런 이의가 없다. 그러나 이것은 — 광신자들에 대한 대항만을 위한 것이 아니라 — 개신교적 기준에는 없는 어떤 것을 표현하고 있다. 여기서 우리의 질문은 되돌아간다: 그러면 어디서 참 단일성·성성·보편성·사도성을 식별할 수가 있는가? 교회 직무의 교회법적 합법성만 지적하면 족한가? 네 가지 특징은 어떤 경우에나 다른 두 가지 특징에 입각할 때에만 진정한 것이라 할 수 있다. 순수한 복음과 진정한 세례와 뜻있게 거행되는 주의 만찬에 근거하지 않는다면 단일성·성성·보편성·사도성이 무슨 의미가 있는가? 언제나 어디서나 중요한 것은 교회가 본래의 신약 메시지와 사실로 일치하고 있어야 한다는 것이다! 아무리 소리높이 하나요 거룩하고 보편되고 사도들로부터 이어받은 교회라고 외치더라도 그것이 신약성서의 메시지에 근거한 것이 아니라면, 그것은 고작 공허하고 설득력 없는 구호에 그치고 말 것이다. 경우에 따라서는 개개의 특징들이 교회 안에서마저 감추어져 있는 수도 있다. 즉, 이들이 빛을 발하지 못하고 그래서 외부에 대하여, 심지어는 내부에서도 설득력을 잃어버리게 되는 수도 있다. 이렇게 되면 사람들은 교회 때문에 믿는 것이 아니라, 교회 때문에 믿지 않거나 교회가 싫음에도 불구하고 믿게 된다. 단일성·성성·보편성·사도성은 그러므로 비단 하느님의 은총에 의하여 교회에 주어진 특성에만 그치는 것이 아니라 동시에 교회의 책임 수행에 의존하고 있는 교회의 중대한 과업이기도 하다.

차원들의 실현

그러면 이런 특징들을 고찰함에 있어서 중요시해야 할 것은 무엇인가? 호교론이 아니라 교회의 생활로 이 특징들을 생생히 실현하는 것이다. 가톨릭의 형태로든 개신교의 형태로든 일찍이 교회의 특징에 관한 호교론이 집단 개종을 일으킨 일은 없다. 성서를 "가지고" 있다 한들 교회 안에 복음의 권능과 능력이 보이지 않는다면 무슨 소용인가. 성사를 "가지고" 있다 한들 그 의미가 왜곡되거나 미신과 우상숭배로 남용된다면 무슨 소용인가. 단일성·성성·보편성·사도성이 제도적·가시적으로 확립되어 있다 한들 이 제도들이 생명 없는 허울만 남은 형식들이라면 무슨 소용인가. 참으로 중요한 것은 그러므로 일정한 특징의 형식적인 보존이 아니라 그 사용과 실현이다. 즉, 참으로 복음의 말씀을 선포하고 듣고 따르는 것, 참으로 성사를 이용하는 것, 참으로 단일성·성성·보편성·사도성을 살아 있는 사람들이 살아 있는 교회 안에서 생활화하는 것, 그러니까 "교회의 특징들"notae Ecclesiae을 어떤 형태로든 "그리스도 신자들의 특징들"notae Christianorum로 만드는 것이 중요하다! 어떤 특징을 앞세우든 **각** 교회는 **자신의** 특징을 살리도록 최선을 다할 일이다. 각 교회가 자신의 특징을 살리면서 동일한 신약성서의 메시지와 실질적으로 일치하려고 노력한다면, 한 교회가 다른 교회를 거짓 교회라고 배척하는 일은 점차로 적어질 것이다.

    이 모든 이유로 우리는 여기서 교회의 특징이라는 호교론적 목표보다는 교회의 **차원**次元들이라는 신학적 목표를 설정하여 논하기로 한다. 이 차원들은 어디서 실현되어 있는가? — 이것은 하나의 공개 질문이다. 이 질문에 대답할 수 있는 교회는 근본적으로 이 차원들을 생생히 드러내고 있는 교회뿐이다. 이런 교회의 "말"은 사도 바오로의 말과 마찬가지로 "지혜에서 나온 설득력 있는 말로 알리려 하지 않고 오직 영과 능력을 드러낸다"(1코린 2,4).

다양성 속의 단일성

교회의 단일성은 하나라는 숫자의 마력魔力 내지 단일성 자체의 매력과는 아무 상관도 없다. 그것은 단순히 하나의 자연적 현상도 아니요 단순히 윤리적 일치·조화도 아니며, 더구나 사회적 획일성·균일성도 아니다. 그것을 외적 현상(교회법·교회 용어·교회 행정 등)으로 보는 것은 애당초 오해다. 교회의 단일성은 하나의 영적 현상이다. 그것은 일차적으로 구성원 상호간의 단일성이 아니다. 교회의 단일성의 근거는 그 자체에 있는 것이 아니라, 성령 안에서 그리스도를 통하여 활동하는 하느님 자신의 단일성에 있다. 동일한 하느님이 만세·만방에 흩어진 만민을 한 하느님 백성으로 모은다. 동일한 그리스도가 말씀으로 만인을 모아 성령을 통한 친교를 이룬다. 동일한 세례로 만인이 같은 그리스도의 몸의 지체가 되며, 동일한 성찬으로 만인이 그리스도와 일치하고 서로가 일치하기를 계속한다. 주 예수에 대한 동일한 신앙고백, 하느님 통치를 향한 같은 희망, 같은 사랑으로 만인이 한마음으로, 세상에 대한 같은 봉사를 체험한다. 교회는 **하나이다**. 또한 **하나라야 한다**.

그러나 모든 개별교회가 각기 단일성이 있다면, 즉 그 나름으로 에클레시아요 하느님의 백성이요 성령의 피조물이며 그리스도의 몸이라면, 여기서 교회의 **복수성** 자체는 좋지 못한 어떤 것이라고 할 수 있는가? 교회의 단일성은 단순히 지역적으로 모이는 공동체들 밖에서만 찾아서는 안 된다. 개별교회도 어떤 자립성(고립성이 아니다)을 의미하는 것이고 또 이 개별교회가 유일한 것은 아닌 한, 지역교회의 단일성이야말로 복수성을 내포하고 있는 것이다. 교회의 단일성은 그러므로 개별교회 상호간의 공통된 생활을 전제로 한다. 이래서 에클레시아는 신약성서에서 예사로 복수명사로 사용되고 있고, 지방의 이름과 연결되어 경우에 따라서는 — 예루살렘과 코린토, 안티오키아와 로마 등 — 판이한 세계의 교회들을 지칭할 수도 있는 것이다.

그러므로 다수의 **지방**교회들(에페소 교회, 필리비 교회, 테살로니카 교회 … 등)이 있고 그 속에 한 교회가 발현한다. 그것은 곧 각 도시와 마을의 교회들이다. 또 다수의 **지역**교회들(유대아의 교회, 갈릴래아와 사마리아의 교회, 갈라티아·마케도니아·아시아의 교회 … 등)이 있고 그 속에도 역시 한 교회가 현존한다. 각 관구·교구·국가·대륙의 교회들이 바로 그것이다. 또 마지막으로 다수의 **유형적** 특성을 가진 교회들(그리스인 교회, 유대계 그리스도인 교회 … 등)이 있다. 이들은 흔히 지역교회와 일치하나 또한 종종 (주민 이동으로 인하여) 여러 지역에 걸치기도 한다. 즉, 이것은 의식儀式이나 명의名儀가 각기 다른 교회들이다.

이처럼 교회의 단일성은 다수성을 전제로 한다. 각기 다른 교회들은 그 유래와 입지 조건을 부인할 필요가 없다. 처음부터 그들은 제각기 언어·역사·관습·풍속이 다르고 생활방식·사고방식이 다르며 인적 구성이 다르다. 아무도 이런 것들을 빼앗을 권리가 없다. 언제나 어디서나 누구에게나 적합한 것이란 없는 법이다. 교회의 단일성은 다양성을 전제로 할 뿐 아니라, 나아가 새로운 다양성을 낳는다. 즉, 하느님의 부름이 각양이고 성령의 은혜가 각색이며 그리스도의 지체들의 역할이 각종이다. 하느님의 백성, 그리스도의 몸, 성령의 피조물이라는 개념으로 각기 다른 사람들에 대하여 말할 수 있는 것은 각기 다른 교회들에 대해서도 비슷하게 말할 수가 있다. 아무도 각 교회가 받은 하느님의 소명을 제한하거나 성령의 불을 끄거나 그리스도의 지체인 교회들을 일률화할 권리는 없다.

획일의 위협

신약성서에 의하면 그리스도의 교회는 중앙집권적 평준화 내지 전체주의적 획일성의 교회가 아니다. 무미건조하고 옹색한 균일성의 단일조직 내지 단일체제와는 거리가 멀다. 획일적인 예배 형식도 획일적인 교계제도도 획일적인 신학체계도 교회의 본질에 속하는 것은 아니다. 오히려 우리는 반대의 결론을 에페소서 4,4 – 6에서 내릴 수가 있다. **예배**는 다양하다: 물론 한 하느님, 한 주님, 한 세례, 한 성찬이 있다. 그러나 각기 다른 백성, 다른 공동체, 다른 언어, 다른 의식과 신심 형태, 다른 기도와 노래와 예복, 다른 예술 양식이 있다. 이런 의미에서 각기 다른 교회들이다! **신학**도 다양하다: 물론 한 하느님, 한 주님, 한 희망, 한 신앙이 있다. 그러나 각기 다른 신학, 다른 체계, 다른 논리와 개념과 용어, 다른 학파와 전통과 연구 분야, 다른 대학, 다른 신학자들이 있다. 이런 의미에서도 각기 다른 교회들이다! **교회 질서**도 다양하다: 물론 한 하느님, 한 주님, 한 영, 한 몸이 있다. 그러나 각기 다른 생활 규칙, 다른 법질서, 다른 국가와 행정체계, 다른 전통과 관습과 풍속이 있다. 이런 의미에서도 각기 다른 교회들이다!

이 모든 경우에 "영의 일치"와 "평화의 끈"은 "겸손과 온유를 다하며 인내를 가지고 사랑으로 서로 참아 줌"으로써 보존될 수가 있다(에페 4,2-3). 복수성과 다양성 때문에 반드시 싸움과 적의와 분열이 일어나는 것은 결코 아니다. 사랑과 평화를 위하여 경우에 따라 어떤 개성과 특성을 버릴 수도 있고 서로 좀 양보할 수도 있는 것이다. 모두가 같은 하느님·주님·성령과 같은 신앙을 가지려 하면서, 제각기 고유한 하느님·주님·성령과 신앙을 가지려 하지 않는 한 만사형통이다.

신약성서에서부터 근본적으로 다양한 역사상의 형태로 나타나는, 그리고 그 모두가 합법적일 수 있는, 한 교회가 존재한다. 즉, 여러 가지 관점과 여러 가지 구조적 특성과 양상을 가진 한 교회가 존재한다. 이 다양한 교회들이 서로 합법적임을 인정하는 한, 그래서 서로 교회다운 친교, 특히 예배와 성찬의 친교를 유지하는 한, 그리고 이로써 또한 서로 돕고 함께 일하며 곤경과 박해를 당할 때 서로 의지하는 한, 교회의 다양성에는 이의가 있을 수 없다. 이런 상이한 교회들 사이에는 아무리 깊은 차이가 있더라도 그것은 그리스도 교회의 단일성에 의하여 모두가 하나라는 확신으로 감싸여 있다. 아무리 차이가 두드러지고 뿌리깊다 하더라도 그것은 **교회를 갈라놓는** 성질의 차이는 아니다. 교회 분열을 의미하는 것은 아니다.

분열의 위협

교회의 단일성을 저해하는 것은 그러므로 상이한 교회들의 공존관계 자체가 아니라, 협동·호혜 관계가 아닌 깊은 대립관계로서의 공존관계다. 유해한 것은 상이성 자체가 아니라 **배타적** 상이성이다. 이런 상이성은 이미 교회의 정당한 다양성의 표현이 아니라, 다른 교회와 **대립되는** "교회의 특징"으로 등장한다. 그래서 다른 교회는 교회의 단일성의 정당한 표현으로 볼 수 없으며 그리스도의 교회의 위조(僞造)라고 보아야 한다는 식의 무조건적 입장을 견지하게 된다. 이런 종류의 상이성에서는 배타성이 나타나고 교회의 친교는 불가능하게 된다. 상이한 지방교회·지역교회·명의교회가 상이한 교파교회로 변한다. 즉, 비단 지방·지역이나 명의 또는 유형만 다른 교회가 아니라, **신앙고백이 대립된 교파**의 교회가 된다. 신앙고백이 대립되므로 예배와 기본 질서도 대립되고 결국 신앙과 세례와 성찬의 단일성도 파괴된다.

이런 교회 분열을 낳는 것은 반드시 협량·옹졸·독선만인가? 흔히 그렇기는 하나 반드시 그런 것은 아니다. 예수 그리스도의 복음을 배반하지 않으려면 달리 도리가 없다는 확신에서 나오는 수도 있다. 이렇게 생각하는 사람들에게는 분열이 불가피해 보인다. 이리하여 "교회와 이단"이라는 한 쌍의 개념만으로는 설명할 수 없는 분열에까지 이르는 수가 있다. 즉, 어떤 큰 교회의 개인 또는 소수 집단의 이탈에 그치는 것이 아니라 — 이런 분열은 대개 일시적 성격을 가지고 있고 시간과 더불어 사라진다 —, 경험이 말해 주듯이 큰 교회 자체가 갈라지는 수가 있다. 교회사상 두 가지의 분열이 이런 성격을 가지고 있으니: 하나는 서방 교회와 동방 교회의 분열이요, 또 하나는 (서방) 가톨릭 교회와 프로테스탄트 교회들의 분열이다.

교회 일치의 도피?

그리스도교의 분열상은 매우 비정상적이고 모순되고 절망적으로 보인다. 이런 의미에서 사람들이 정당화될 수 없는 것을 정당화하려는 도피책을 찾았다는 것은 이해할 만한 일이다:

첫째, 분열된 가시적 교회에서 분열 없는 **불가시적** 교회로 도피하는 것;

둘째, 교회 분열을 하느님의 뜻을 따른 정상적인 **교회 발전**이라고 설명하고, 교회의 화해는 종말의 완성에서나 기대할 수 있다는 것;

셋째, — 둘째와 관련하여 — 교회 분열의 결과인 대립된 교회들을 한 나무에 달린 서너 개의 큰 가지라고 설명하는 것(친첸도르프 Zinzendorf와 몇몇 영국 교회학자들);

넷째, 단 **하나의** 경험적 교회만이 그리스도의 교회와 동일하다 하고 다른 모든 교회는 교회로 인정하지 않음으로써 교회 분열을 설명하는 것.

이 모든 도피책들을 피하려면 남아 있는 길은 하나뿐이다. 즉, 교회 분열을 합리화하지 않는 일이다. 죄를 합리화해서는 안되듯이 교회 분열을 합리화해서도 안 된다. 죄와 마찬가지로 교회 분열도 하나의 음울한 수수께끼로서, 부조리하고 어이없고 있을 수 있으면서도 있을 수 없는 하나의 사실로서, 하느님의 뜻과 인간의 구원에 역행하는 사실로서 "감수"甘受해야 한다.

교회 분열을 깊이 자기 비판적으로 들여다보고 함께 공동의 과오를 인정한다면, 여기서 우리의 행동 과제는 분명하다. 간단히 몇 가지 교회 일치의 신학적 지도 원리를 정립해 보자:

❶ 기존의 공통된 교회 현실을 인정할 것.

❷ 요청되는 공통된 교회 현실을 찾아낼 것.

❸ 그 공통점을 자기 교회 안에서 다른 교회를 고려하면서 현실화할 것.

❹ 진리를 희생하지 말고 재발견할 것.

❺ 예수 그리스도의 복음을, 그것도 이 복음 전체를 일치의 규범으로 삼을 것.

9 보편성·성성·사도성

"가톨릭"이란?

애초에 "가톨릭 교회"라는 말은 논쟁적 의미 없이 주교(안티오키아의 이그나티우스와 스미르나의 폴리카르푸스)의 지방교회와 구별되는 **온** 교회, 전체교회를 뜻했다. "가톨릭"이라는 말의 본래 용법은 신약성서에 확고한 기초를 두고 있다. 이미 언급했듯이 에클레시아는 언제나 어디서나 원칙적으로 지방 공동체, 지방교회다. 그러나 이 지방교회들은 어디까지나 포괄적·일반적인 **온** 교회, 즉 전체교회의 발현·표현·실현으로서의 지방교회다. 물론 각 지방교회도 **온전히** 교회이지만 그것이 **온** 교회는 아니다. **온** 교회는 어디까지나 **모든** 지방교회들이다. 그리고 이들은 외적으로 집합·연결되는 것이 아니라, 같은 하느님·주님·성령 안에서 같은 복음, 같은 세례와 성찬, 같은 신앙에 의하여 내적으로 일치된다. 전체교회는 지방교회들 안에 발현·표현·실현되는 교회다. 이렇게 교회가 **전체교회로서의 온** 교회일 때, 본래 의미로 "가톨릭" 교회라고 불릴 수 있다. 본래 의미의 가톨릭 교회는 일반적·포괄적인 온 교회다. 가톨릭성(보편성)의 근본은 **전체성**에 있다.

그러나 각 지방교회도 이 온 교회를 현실화하고 있는 한, 이 역시 "가톨릭"이라고 불릴 수 있다. 어떤 교회가 비가톨릭이라면 그것은 그 교회가 단순히 장소적으로 한정된 교회이기 때문이 아니라, 장소적으로 한정된 그 교회가 스스로 다른 교회들과 분리되고 그럼으로써 온 전체교회와 분리되어 자기 교회의 신앙과 생활에만 집착·몰두·

자족하려 하기 때문이다. 따라서 특별히 — 지방교회·지역교회·명의교회로서, 온 교회는 아니나 온전히 교회로서 — 분립된 교회가 곧 비가톨릭인 것은 아니다. 분립주의의 교회만이 비가톨릭이다. 즉, 비가톨릭 교회란 전체교회의 신앙과 생활에서 갈라지거나[열교 裂敎, schisma] 벗어나거나[이단 異端, heresis] 혹은 심지어 그것을 배반하는[배교 背敎, apostasis] 교회다.

어떤 교회가 가톨릭 교회인가?

이렇게 근본적으로 "가톨릭" 교회란 온 일반의 전체교회라고 이해할 때, 여기서 나오는 결론은 무엇인가? 우선 몇 가지 소극적인 명제를 정립할 수 있다:

❶ 단순히 **공간적 외연**外延만으로 교회가 가톨릭이 되는 것은 아니다: 가톨릭성은 일차적으로 지리학적 개념이 아니다! 교회가 아무리 온 세상에 널리 퍼져 있다 한들 그 본질에 충실하지 못하다면 무슨 소용인가. 순전히 세속적인 정책수단으로, 더구나 하나의 정신적 제국주의 수법으로 당당한 국제적 세력을 얻었다 한들 무슨 소용인가. 그런 세계 교회가 온 가톨릭 교회를 실현하는가.

❷ 단순히 **숫자적 양**量만으로 교회가 가톨릭이 되는 것은 아니다: 가톨릭성은 일차적으로 통계학적 개념이 아니다! 교회가 그 본질에 충실하지 못하다면 아무리 숫자적으로 풍부하다 한들 무슨 소용인가. 싸구려로 인습적인 재래의 그리스도교 세계를 사들여 막대한 교세를 얻었다 한들 무슨 소용인가. 그런 대중교회가 온 가톨릭 교회를 구현하는가.

❸ 단순히 **문화적·사회적 다양성**만으로 교회가 가톨릭이 되는 것은 아니다: 가톨릭성은 일차적으로 사회학적 개념이 아니다! 교회가 아무리 다양한 문화·언어와 인종·계급을 포용하고 있다 하더라도 그 본질에 충실하지 못하고, 그들과 더불어 그들 안에 사는 것이 아니라 그들에게 의존하고 그들이 교회의 법을 규정하게 방치하면서 특정한 문화·인종·계급의 권력수단이 되고 말았다면, 그런 형형색색의 다양성이 무슨 소용인가. 이런 온갖 사회에 흡수되어 이교정신異教精神이 넘치는 혼합종교적 기구로 타락하고 말았다면 무슨 소용인가. 그런 혼성교회가 온 가톨릭 교회를 표현하는가.

❹ 단순히 **시간적 연속성**만으로 교회가 가톨릭이 되는 것은 아니다: 가톨릭성은 일차적으로 역사학적 개념이 아니다! 교회가 오랜 역사를 통하여 그 본질을 배반해 왔다면, 매우 훌륭한 전통을 지닌 훌륭한 기념물로나 전시되는 것이 고작이라면, 16세기·13세기·5세기·2세기로 거슬러 올라가면서 손꼽을 만한 "교부"教父들을 들먹여 최고最古의 교회임을 자랑한들 무슨 소용인가. 수세기에 걸쳐 발전해 오면서 그 근원에서 벗어나고 말았다면, 그 파란만장한 역사, 그 복고운동, 그 고고학이 죄다 무슨 소용인가. 그런 전통교회가 온 가톨릭 교회를 발현할 수 있는가.

아무리 국제적이고 아무리 규모가 크고 아무리 다양하고 아무리 오래된 교회라도 이질화할 수 있다. 이미 동일한 교회가 아닌, 애초의 본질에서 멀어진, 본연의 정도에서 벗어난, 그런 교회일 수가 있다. 물론 교회는 움직여야 하고 계속 변해야 한다. 역사적 존재로서 달리 도리가 없다. 그러나 어떤 일이 있더라도 결코 어떤 다른 존재로 이질화해서는 안 된다. 교회가 가톨릭인 까닭은 포괄적인 **동일성**에 있다. 즉, 시대와 양상의 계속적인 변화가 불가피하고 온갖 약점과 과오가 있음에도 언제나 어디서나 어떤 형태로나 교회는 **본질적으로 동일한** 교회요 동일한 교회라야 하며 동일한 교회가 되려 한다는 거기에, 따라서 "언제나 어디서나 누구나" 교회의 동일한 본질을 믿을 만하게 보존·증언·실행하고 있다는 거기에 있다. 이런 동일성의 전제하에서만 교회는 깨뜨려지지 않고 **온전한**, 일그러지지 않고 **타당한**, 갈라지지 않고 **통합된** 교회, 즉 참으로 **가톨릭적인** 교회임이 드러난다. 교회가 비가톨릭적인 까닭은, 이 교회의 동일성을 언젠가 어디선가 어떤 양상으로인가 포기·상실하고 어떤 국가·문화·인종·계급·사회형태·세계관·신기원 따위에 흡수·동화되며, 스스로 어떤 다른 이질적인 본질을 추구하거나(이단 異端) 본연·본래의 본질을 직접 부인하는(배교 背敎) 거기에 있다. 이처럼 교회의 가톨릭성은 개별교회들을 상호관계 속에서 단일한 전체교회 안에 결합시키며, 동시에 온갖 형태의 변질된 교회와 분리시킨다. **동일성**은 가톨릭성의 **기초**다.

그러나 교회의 동일성을 하나의 아집(我執)이나 자기 도취로 오해해서는 안 된다. 자기 본질과 일치하는 교회야말로 자기 자신을 위하여 존재하자고 시대와 양상의 변화에도 불구하고 자기 자신으로 남아 있는 것이 아니다. 교회는 결코 자기만을 위한 존재가 아니다. 처음부터 남을 위한, 인류를 위한, 세계를 위한 존재인 것이다. 여기서 우리는 상기해야 하겠거니와, 이미 예수의 메시지 자체가 실로 보편적이었다(구원의 전제조건은 아브라함의 후손도 아니요 모세의 약속도 아니며, 신앙이요 회개요 하느님의 뜻을 행하는 사랑이다). 이 메시지를 바탕으로 초대 교회는 어렵게나마 세계적 보편주의 사상에 이르러 유대인에게는 유대인처럼, 그리스인에게는 그리스인처럼, 모든 이에게 모든 것이 되기에 성공한 것이다(1코린 9,19-23 참조): "사실 여러분은 모두 그리스도 예수 안에서 신앙으로 말미암아 하느님의 아들들입니다. … 유대인도 없고 헬라인도 없으며, 노예도 없고 자유인도 없으며, 남성이랄 것도 여성이랄 것도 없습니다. 여러분은 모두 그리스도 예수 안에 하나이기 때문입니다"(갈라 3,26.28). 이리하여 교회는 본질적으로 포교 사명을 띠고 있음을, 세계와 관련되어 있음을, 설교를 통하여 세상에 봉사해야 함을 자각한 것이다: "온 세상으로 가서 모든 사람에게 복음을 선포하시오"(마르 16,15). "가서 모든 민족들을 제자로 삼으시오"(마태 28,19 참조). "세상 종말까지"(마태 28,20) "땅 끝에 이르기까지 나의 증인들이 될 것입니다"(사도 1,8).

교회는 본디 그 기원에서부터 **세계적**이다. 온 세상, 온 인류가 사는 지상 oikumene과 관련하여 생각하고 행동한다. 세계성은 따라서 사람이 사는 온 지상에 해당하는 "에큐메니칼"이라는 말로도 표현된다. "에큐메니칼"과 "가톨릭"은 그 본래의 말뜻으로나 그리스도교적 용법으로나 밀접한 관계가 있다. "가톨릭 교회"에 대한 가장 오래된 두 증언 중의 하나는 이 두 말을 직접 연결시켜 "에큐메니칼 가톨릭 교회"(세계적 보편교회)라는 표현을 쓰고 있다(폴리카르푸스의 「순교록」 8,1). **세계성**은 가톨릭성의 **귀결**이다.

공간적 연장성, 숫자적 대량성, 문화적·사회적 다양성, 시간적 연속성 **그 자체로** 가톨릭 교회가 이루어지는 것은 아니다. 그러나 이에 맞서서 공간적 제한성, 숫자적 희소성, 문화적·사회적 고정성, 시간적 한정성으로 가톨릭 교회가 이루어질 수 있는 양 결론을 내린다면 그 역시 잘못이다. 가톨릭 교회란 세계교회라기보다는 차라리 한 백성에 국한된 민족 교회나 "국교"라는 말인가. 대중 교회라기보다는 오히려 규모가 작음을 흔히 자랑삼는, 한 모퉁이의 소교회 ecclesiola나 작은 종파라는 말인가. 혼성 교회라기보다는 어떤 단일한 문화(예컨대 비잔틴 문화)나 계급(상류든 하류든)이나 인종(예컨대 백인종)과 굳게 결연한 교회라는 말인가. 전통 교회라기보다는 어제·오늘에야 생겨 당분간 (!) 아직 새파랗게 젊고 전통에 구애되지 않거나, 그저 최신식으로 첨단을 걸으면서 현대성과 시대성을 고유한 기준으로 삼는 그런 교회라는 말인가. 아니, 공간적이든, 숫자적이든, 사회·문화적이든, 시간적이든, 제한성이 가톨릭성의 표징은 아니다. 그것은 도리어 가톨릭성에 **반하는** 표징일 수 있다. 더구나 어떤 한 민족·문화·인종·계급·시대만을 기본으로 삼는 배타성은 결정적으로 가톨릭성에 반하는 표징이다. 교회는 그 기원에서부터 세계적이다. 교회를 지탱하고 교회가 설교하는 메시지는 세계를 위한 것이다. 그렇다면 민족과 문화, 인종과 계급, 시대와 시대정신이라는 온갖 경계를 부인하고 무시하지는 않는다 하더라도 극복하는 것이 교회의 소명이다. 즉, 이런 한계의 구별들이 — 갈라티아서 3,28에 비추어 — **궁극적으로** 중요한 것은 아님을 행동으로 증거해야 한다. **맨 처음부터** 교회는 이런 행동으로 자신이 가톨릭임을 드러내었다. 따라서 교회가 그 본질을 벗어나거나 부인하지 않았다는 전제하에서는 — 또 그런 전제하에서만! — 세계적 확장, 많은 수, 사회·문화적 다양성, 오랜 연륜이 (그 자체로는 아니라도 전체교회의 보편적 본질에 의하여) 가톨릭성의 증거와 표징이 된다.

"가톨릭 교회"만을?

그러면 "가톨릭"이라는 속성을 바로 한 특정한 교회인 "가톨릭 교회"와 결부시키는, 특이한 배타성을 어떻게 설명해야 할까? 이것은 이 교회가 다른 어떤 교회에도 없는 무엇인가를 지니고 있음을 시사하는 것이 아닐까? 여기서 광범위한 분포와 풍부한 다양성과 장구한 연륜을 말하자는 것은 아니다. 또 한편 — 교회는 하나이자 여럿이라고 이미 말한 바 있거니와 — "가톨릭 교회"의 어떤 독특한 유일성을 들어, 다른 모든 교회들을 다시 비교회적인 공동체로 귀착시키자는 것도 아니다. 그렇다, 여기서도 역시 호교론을 펼치자는 것이 아니다. 다만 역사적 현실을 분석하여 좀더 나은 이해를 얻자는 것이다. 여기서 우선 한 가지 뚜렷한 사실이 있다:

"가톨릭 교회"에 묻지 말고 거꾸로 다른 교회에 물어보라. 그리스도교의 유수한 큰 교회들 — 동방 정교회, 루터 교회, 개혁교회, 성공회 등, 고대 가톨릭 교회와의 일치를 유지하고 있는 교회들(및 간접적으로 이들에서 유래한 교회들) — 에게 물어보라. 어디서 그들의 이름과 기원과 본질이 유래하느냐고. 그러면 모두가 — 그리고 그 모두가 상당한 근거를 가지고! — 자기네 교회는, 그리고 자기네 설교·세례·성찬·직무는 예수 그리스도와 그의 복음에 소급된다고 할 것이다. 이런 의미에서 그들은 결코 자기네 교회가 1054년, 1517년, 1531년 등등에 "설립"된 "새" 교회라고 말하려 하지 않을 것이다. 그러나 동시에 이들 각 교회는 — 직접·간접으로, 크고 작은 쟁점을 가지고 — "가톨릭 교회"라는 일정한 교회와 구별되는 자기 교회 특유의 이유를 필요로 할 것이다. 이들 각 교회는 모두가 그 나름으로 이 일정한 교회와 어떤 중대한 관련성을 가지고 있다. 그들의 특별한 교회로서의 존재가 어떻게 이루어졌는지를 설명하기 위해서는 모두가 직접·간접으로 "가톨릭"이라는 교회를 고려해야 한다. 으레 그들은 사도들의 교회와 관련시키기를 좋아하거니와(특히 동방의 여러 교회는 직접 한 사도에 소급한다), 어느 교회도 다음 사실을 부인하지 않는다. 즉, 한때는 그들이 직접·간접으로 "가톨릭"이라는 교회와 결합되어 교회적인 일치관계를 유지하고 있었고, 그 당시에는 아직 분열이 없고 상호 파문破門이란 여지도 없었으며, 다소 정확히 규정될 수 있는 역사상의 시점에 와서야 비로소 그들이 이 "가톨릭 교회"에서 — 혹은 이 교회가 그들에게서 — 분리되었다는 사실이다. 이제 이들 교회는 더 이상 어머니와 함께 살지 못할 충분한 이유가 있다고 믿고 자립한, 다 큰 딸들이다.

여기서 우리는 "가톨릭 교회"와 그 밖의 교회들의 관계를 이해하기 위하여 교의적이 아닌 역사적인 의미로 "어머니 교회"와 "딸의 교회"라는 말을 사용하거니와, 이것은 어떤 "모권"母權을 내세워 딸의 교회에 대한 어머니 교회의 법적 권리를 주장하자는 것이 아니다. 법적 요구로 이런 교회사적 분쟁이 해결될 수는 없다. 또 특별히 어머니 교회에 (혹은 딸의 교회에) 진리를 주장할 권리가 더 많다고 주장하자는 것도 아니다. 진리야말로 분쟁의 요인이고, 따라서 상대편을 설득할 수 없으면서도 어느 한쪽에 진리가 충만하다거나 적어도 더 많은 진리가 있다고 주장한다면 아무런 진전도 있을 수 없다. 가톨릭 교회와 다른 교회와의 관계를 규정함에 있어서 어떤 상호이해에 도달하자면, 진리 문제는 도외시하지는 않는다 하더라도 일단 미루어 두어야 할 것이다. 그래서 이 관계를 규정함에 있어서는 아예 누구에게 권리가(혹은 더 많은 권리가) 있느냐, 누구에게 진리가(혹은 더 많은 진리가) 있느냐를 따지려 하지 말아야 할 것이다. 이리하여 가톨릭 교회와 다른 교회와의 관계 문제는 교의적인 진리 문제가 아니라 역사적인 근원 문제가 된다. 평가 문제가 아니라 이해 문제가 된다. 여기서 어머니 교회와 딸의 교회의 구별이 도움이 된다. 이로써 우리는 적어도 한 가지 사실만은 넉넉히 알 수가 있다. 즉, 이 자립한 다 큰 딸들이 혹시나 어머니의 품으로 돌아올 수 있으리라고 생각한다면 그것은 비역사적인 생각이다! 이런 생각은 어떤 삶의 법칙으로도 그런 복귀란 인정되지 않음을 무시한 생각이다. 이로써 또 한 가지 사실도 알 수가 있다. 즉, 각 개별교회를 그저 지역별·명칭별 등으로 나열만 한다면 그 역시 비역사적인 생각이다. 어머니와 딸 또는 손녀를 출생관계와는 상관없이 열거한다는 것은 어느 편에게나 공정하지 못한 일이다. 그러나 바로 이 관계야말로 어느 세기에나 교회의 모녀관계에 어려운 부담이 되어 온 문제다. 그야말로 한때는 함께 살아서, 하나의 단일성을 이루고 있었기에, 분열이 그처럼 힘들고 가슴 깊이 사무쳤던 것이다. 낯선 사람들끼리 싸움이 난 것이 아니라 혈육간에 분열과 대립이 일어났기에, 시간이 흐른다고 나을 상처는 아니었던 것이다.

교회의 모녀관계 — 이로써 다음 사실이 설명될 수 있지 않을까. 즉, 이 딸들이 무엇보다도 두려워하고 있는 것은 바로 어머니 품으로 되돌아가는 것, 형식적으로 엄격한 — 그러면서도 실상 내용적으로 보면 너무 엄격하지 못한 — 어머니의 지배에 다시 복종하는 것, 좀더 고분고분한 태도를 보이면 즉시 어머니에게 받아들여지는 것, 그것이다. 딸들은 서로 여러모로 다르고 대립되어 있으면서도 이 한 가지 점에서는 일치하고 있다. 딸들이 보기에 어머니는 부인할 수 없이 위대하고, 역사적 경험이 풍부하지만, 늙어서 뻣뻣하고 답답하게 케케묵은 데다가 너무 너절구레한 추물이 되어 버렸다. 정말 본질적으로 중요한 것을 보기에는 시력이 흐려져 버린 것 같다. 어머니의 신앙은 너무 미신적이고 사랑은 너무 법적이며 희망은 너무 현세적이 되었다. 딸들이 보기에 이미 이 어머니는 예전의, 본래의 그 어머니가 아니다. 그러나 다만 한 가지, 이 딸들이 아무리 어머니에게 이의·불평·불만이 많고 아무리 어머니를 멀리하고 무시한다 하더라도 결코 부인할 수 없는 것은, 그래도 어머니는 어머니라는 사실이다.

교회의 모녀관계 — 이로써 또 다음 사실이 설명될 수 있지 않을까. 즉, 이 어머니는 딸들에게 묘한 질투를 느끼고 있다. 그처럼 오래도록 떨어져 있었으면서도 아직도 딸들에게 "권리"를 주장하고 있다. 아직도 마음대로 행동하도록 놓아두려 하지 않느다. 더구나 어째서 딸들이 어머니와 어머니의 오랜 신앙을 몰라주는지, 어째서 어머니와 함께 살려 하지 않는지, 어째서 어머니를 부인하기까지 하는지, 어째서 명령을 하고 나중에는 간청과 애원까지 하는데도 돌아오려 하지 않는지, 왜 그런지 도무지 이해할 수가 없다. 어머니가 보기에는 딸네들이 배은망덕하고 버릇없고 철이 없다. 그래서 또한 스스로 택한 자유에 넉넉히 비싼 대가를 치러야 했다. 일부는 그야말로 불안정하고 천박하고 보잘것없이 되고 말았다. 어머니를 떠나서는 저희들끼리 싸움을 벌였고 더러는 어머니와 싸울 때와 못지않게 큰 싸움을 벌였다. 제 자식들에게서는 어머니가 그들에게서 겪은 것과 똑같은 쓰라린 경험을 겪어야 했다. 이리하여 온 집안은 갈수록 산산조각이 났다. 그러나 다만 한 가지, 이 어머니가 딸들에게 아무리 속쓰려하고 불만스러워하고 아무리 모진 판단을 한다 하더라도 부인할 수 없는 것은, 이처럼 제각기 다르고 더러는 도무지 어머니와 닮은 데라고는 없는 딸들이 그래도 어머니의 딸들로 남아 있다는 사실이다.

복음적 가톨릭 교회를!

이 모든 것에서 나오는 결론은 무엇인가? 마치 아무 일도 없었던 양, 마치 그동안에 시간이 흐르지 않은 양, 마치 중대한 문제로 싸운 것은 아닌 양, 그저 딸네들이 어머니에게 돌아오기만 기다릴 것인가? 아니면 그저 어머니가, 자기가 이루어 놓고 있는 모든 것, 자기는 간직해 왔으나 딸들은 여러모로 잃어버리고 만 모든 것을 버리고 딸네들에게로 따라나서기를 기다릴 것인가? 지금까지 온통 수라장을 이루어 온 교회와 교회들의 역사 속에서 하나의 확고한 정위지점定位地點으로서, 하나의 안정되고 안정시키는 요인으로서 확실히 중요한 역할을 해온 이 어머니 교회가, 이제는 그저 자포자기하고 여럿 중의 하나가 되어 도리어 방향상실과 분열을 조장하거나 할 것인가? 그것도 아니면 또 어떻게?

교회의 단일성과 교회 일치에 관하여 이미 말한 바에 덧붙여 세 가지 중요한 결론이 지적될 수 있다:

❶ 교회들의 일치와 그리스도의 교회의 완전한 보편성을 회복하기 위해서는 개별교회들의 역사적 기원과 역사적 상호관계를 고려해야 한다.

❷ "가톨릭"이 아닌 교회들은, 직접·간접으로 그들이 유래한 "가톨릭"과의 관계를 분명히 하고 "가톨릭"과 화해하지 않으면, 교회의 필요한 단일성도 보편성도 발견할 수 없을 것이다. 저들 교회가 "가톨릭 교회"와의 기본관계를 배제하고 있는 한, 그들의 높이 칭송할 만한 온갖 에큐메니즘 운동도, 온갖 일치 협상도 결정적으로 중요한 점에 있어서는 기초가 없이 제자리에 머물러 있을 것이다. 그러나 이 관계를 긍정적으로 고려한다면 판이한 깊이와 추진력을 얻을 것이다.

❸ "가톨릭"이라는 교회는, 직접·간접으로 자기에게서 유래한 교회들과의 관계를 분명히 하고 그들과 화해하지 않으면, 교회의 필요한 단일성도 보편성도 실현하지 못할 것이다. 이 교회가 — 좋든 싫든 자기가 가지고 있는 — 다른 교회들과의 관계를 무시하고 있는 한, 이 교회 내의 매우 반가운 온갖 쇄신 운동과 개혁도 미완성에 머물 것이다. 그러나 이 관계를 실효성있게 긍정적으로 평가한다면 판이한 넓이와 깊이를 얻을 것이다.

"가톨릭 교회"가 그 본질과의 동일성을 유지하려면, 허구의 충일성과 개방성을 구실로 **무엇이나** 받아들여 시시한 모순투성이complexio oppositorum가 되도록 자기 자신을 방치해서는 안 된다. "프로테스탄트 사상"이 "과소"過小하다는, 전체의 일부만을 이단적으로 선택한다는 비난을 받아 마땅하다면, "가톨릭 사상"은 "과다"過多하다는, 이질적인 — 자주 그릇되고 종종 심지어 비그리스도교적인 — 요소들을 혼합주의적으로 축적한다는 비난을 면하기 어렵다. 결여의 죄peccatum per defectum도 있지만 과잉의 죄peccatum per excessum도 있다. 가톨릭적 "~과(와) ~"에는 항상 프로테스탄트적 "~만"이 동시에 고려되어야 한다. "~과(와) ~"의 가톨릭(보편성)은 "~만"의 프로테스트(항의)를 거듭 필요로 하며, 도대체 후자 없이 전자 자체가 있을 수 없다. 근시안적·배타적 "프로테스탄트 사상" 대신에, 혼란·산만한 "가톨릭 사상" 대신에, 복음에 중심과 기초를 둔 "복음적 가톨릭성"을!

죄 많은 교회

현실의 교회는 죄 많은 교회다. 역사상 교회의 모든 그릇된 결정과 그릇된 발전은 그 배후에 또 그 속에 항상 개인적 실수와 개인적 과오가 있고, 온갖 불완전한 결함과 기형적 현상 이면에는 또한 죄악과 비행이 숨어 있다는 것을 도외시한다면, 그것은 현실을 떠나 환상을 자초하는 셈이다. 여기에는 비단 개인 자신의 과오만이 아니라 동시에 그 개인의 과오를 능가하는 어떤 악의 세력이 작용하고 있다. 이것은 악마적이라고 표현할 수밖에 없는, 그야말로 그리스도교의 타락상을 낳기까지 하는 세력이다. 교회사는 그러므로 모두가 참으로 인간적인 역사일 뿐 아니라 깊은 **죄악의 역사**다. 그리고 교회는 처음부터 그러했다. 신약성서의 편지들을 읽어보는 것만으로도 비참한 죄의 현실을 넉넉히 알 수가 있다. 근친상간자 등의 극악무도한 죄인들은 공동체에서 쫓겨났다 하더라도(1코린 5장 참조), 냉혹과 옹졸, 율법주의와 자유 남용, 교만·시기·질투·기만·탐욕·방탕 등 갖가지 죄악들이 ― 신약성서의 상례적인 죄목들(예컨대 갈라 5,19-21; 로마 13,13-14)이 단순히 공동체들의 경험적 현실을 묘사하려 한 것은 아니지만 ― 여전히 남아 있었다. 이런 면에서 교회사는 실상 진보한 것이 없고 매우 정체된 상태를 지속해 왔다는 결론을 피할 수 없다.

어째서 거룩한 교회인가?

이 반갑잖은 결론에 대하여 여러 가지 도피책들이 시도되었거니와, 이 역시 이해할 만은 하되 인정할 수는 없다:

❶ **"거룩한" 신자들의 선별**選別: 고대에는 영지주의, 노바티아누스파, 도나투스파, 몬타누스파 등이, 중세에는 카타르파가, 근세 이후로는 여러 광신자와 종파들이 모두 죄지은 신자들을 교회에서 배척하고 그래서 죄없고 순결하고 거룩한 신자들만 교회 안에 남기를 바랐다. 그러나 이렇게 되면 대체 교회에 남을 수 있는 사람이 누가 있는가.

❷ **"거룩한" 교회와 죄 많은 신자들의 구별**: 교회의 거룩함을 고수하기 위하여 자주 여러 가지로, 신자들은 죄가 있으나 교회는 죄가 없다는 구별을 꾀했다. 그러나 이것은 추상적인 구별이다.

❸ **신자 편에서 "거룩한" 사람과 죄 많은 사람의 구별**: 역시

교회의 거룩함을 양보하지 않으려고 종종 구체적인 그리스도 신자 자신을 갈라놓기까지 했다. 즉, 순결한 **만큼** 교회에 속하고 죄있는 **만큼** 교회에 속하지 않는다는 것이다. 이것은 이론적으로는 가능한 구별이나 구체적인 인간이 그런 식으로 갈라질 수는 없다.

어떤 회피도 여기서는 무익하다. 현실이 인정되어야 한다. 교회는 죄인들의 교회다. 죄인들이 교회 자체를 구성하고 있으므로, 항상 그러하므로, 교회 자체가 그 짐을 지고 있다. 그리스도의 몸 자체가 더럽혀지고 성령의 집 자체가 흔들리며 하느님의 백성 자체가 손상된다. 교회 자체가 고통을 받는다! 교회는 모든 인간과 구별되는 이상적·실체적 순수실재가 아니라 믿는 인간들의 공동체이므로 ― 물론 하느님·그리스도·성령으로 인해서가 아니라 죄인인 신자들로 인해서 ― 죄 많은 교회다. 이것은 하나의 괴로운 진리다. 그러나 동시에 하나의 해방을 낳는 진리다. 즉, 이로써 마음놓고 나는 부질없는 호교론을 벌이지 않아도 되고, ― 정직하다면 ― 죄인임에 틀림없는 나 자신을 이 거룩한 교회 밖에 있다고 생각하지 않아도 된다. 나는 교회를 현실 그대로, 나 같은 죄인도 속해 있는 그대로 받아들이고 행동할 수 있다. 또 그래야 한다.

이리하여 또 당연한 귀결로서, 교회의 **거룩함**이란 신자들에게서, 그들의 종교윤리적 행위에서 나오는 것이 아니다. 뚜렷한 사실로서, 에페소서 5,27에서 교회의 임무로서 "거룩하고 흠이 없음"이 지적되어 있기는 하나 신약성서의 어디에도 "거룩한 교회"라는 말을 하고 있는 곳은 없다. 하지만 공동체들에 대해서는, 예루살렘 원시 공동체도(로마 15,25-26; 1코린 16,1.15; 2코린 8,4 등) 이방인 공동체도(로마 1,7; 1코린 1,2 등) 그 자체를 "성도들"이라고 부르고 있다. 또 "거룩한 겨레"

(1베드 2,9)라는 말도, 신앙인들이 "성전"의 산 돌이라는 말도 나온다(에페 2,21). 구약성서에 비해서 신약성서에서는 물질적인 요소가 뚜렷이 배제된다. 비단 특별한 성역이나 성물이 없을 뿐만 아니라 세례와 성찬도 "거룩하다"고 말하지 않는다. 이들은 그 자체가 마술적·자동적으로 거룩함을 낳는 것이 아니라 한편으로는 전적으로 거룩한 하느님께, 또 한편으로는 믿는 인간들의 응답에 의존한다. 신약성서에서는 제도적인 거룩함에 대하여 말하는 바가 없다. 사물을 두고 거룩하다고 하지 않는다. 되도록 많은 제도·장소·시간·기구器具에다가 "거룩하다"는 속성을 부여하는 그런 교회란 없다. 신약성서에서 중요한 것은 어디까지나 **인격적인** 성덕이다. 그리스도를 통한 하느님의 구원 행위에 의하여 죄 많은 세상에서 구별되어 새로운 그리스도교적 존재로 변한 신앙인들, 이들이 본래 의미의 "성도들의 공동체"communio sanctorum요 성도들의 교회이며 따라서 거룩한 교회다. 교회가 거룩한 것은 그러므로, 교회가 하느님에 의하여 그리스도 안에서 신앙인 공동체로서 부르심을 받고 스스로 하느님을 섬길 자세를 갖추어, 세상과 구별되는 동시에 하느님 은총의 보호와 지탱을 받고 있다는 점에서 그렇다.

죄 많은 교회이자 거룩한 교회

이 교회는 인간들로 구성된 교회이자 하느님의 은총으로 이루어진 하느님의 교회다. 죄 많은 동시에 거룩하고, 거룩한 동시에 죄 많은 공동체다. 이것은 교회론적으로 본 "의인이자 죄인"simul iustus et peccator이다. 즉, "죄인 공동체"communio peccatorum가 하느님의 사죄 은총에 의하여 "성인 공동체"communio Sanctorum가 되는 것이다. 교회를 한결같이 아래로부터만, 죄 많은 인간 편에서만 보면 교회를 감싸 주고 있는 하느님의 은총을 보지 못한다. 이렇게 보면 교회는 인간적인, 그렇다, 너무나 인간적인 종교 단체에 불과하다. 한편 교회를 한결같이 위로부터만, 하느님의 거룩함에 의해서만 보면, 교회 내에도 항상 인간적인 위험과 유혹이 도사리고 있음을 보지 못한다. 이렇게 보면 교회는 인간 세계와는 먼 이상적 천상 존재가 된다. 그러나 바야흐로 교회는 하느님의 영과 악의 세력의 싸움터요, 그 전선前線은 단순히 거룩한 교회와 속된 세상 사이가 아니라 바로 하느님의 사죄은총이 미치는 죄인들의 가슴 속을 가로지르고 있다. 따라서 위에서 보면 거룩하고 아래서 보면 죄 많은 두 개의 교회란 없다. **거룩하고도 죄 많은 하나의 교회**가 있을 뿐이다. 구약성서의 비유를 빌려 교부시대 이래로 자주 일컬어지고 있듯이 교회는 하나의 "순결한 창녀"casta meretrix다. 거룩함과 죄많음은 교회의 양면이다. 그러나 결코 동등한 양면은 아니다! 교회의 거룩함이 빛이라면 죄많음은 그늘이다. 죄악은 교회의 본질에서 나오는 것이 아니라 교회를 침입한다. 따라서 그것은 교회의 본질에 속하는 것이 아니라 비본질로서 고려되어야 할 음울한 패러독스paradox다.

 그러나 이것도 아직은 너무 정적인 관찰에 불과하다. 교회는 움직이고 있다! 죄 많음과 거룩함은 단순히 교회의 양면만이 아니다. 그렇다, 이들은 역사 속 교회의 과거요 미래다. 교회의 과거와 미래는 둘 다 그 나름으로, 과거는 과거대로, 미래는 미래대로, 교회 안에 현존한다. 바로 이때문에 교회는 참으로 현실적으로 의화되고 성화된 교회다. 교회는 하느님의 은총에 의하여 죄 많은 과거에서 벗어나 있다. 죄와 죽음은 이미 옛일이고 반드시 또다시 거기에 빠지게 되어 있는 것은 아니다. 교회의 과거는 이미 현재의 교회가 내다보는 미래에는 아무 효력도 없다. 그러나 그것은 여전히 교회 자신의 과거로 남아 있다. 구원을 받았으나 여전히 유혹을 받고 있는 교회다. 교회에 주어진 거룩함은 교회를 자동적으로 죄 없이 만들어 주는 것이 아니다. 세례나 성찬 같은 외적 수단으로 보장될 수 있는 정적인 소유물이 아니다. 따라서 교회는 거듭 새로이 과거를 벗어나 미래를, 즉 거룩함을 지향해야 한다. 이 미래는 하느님의 은총에 의하여 이미 보증되어 있다. 교회는 온전히 이 미래로 조건 지어져 있다. 그러나 교회는 거듭 새로이 이 미래를 모색하고 받아들여야 한다. 교회는 거룩하기에 또한 거룩해야 한다. 존재가 당위當爲를 요구한다. 겸손하면서도 명랑하게 교회는 순례자로서 과거를 — 과거 그대로! — 현재로부터 미래로 짊어지고 나아가야 한다. 하느님의 새로운 은총에 의하여 과거가 깨끗이 사라지고 미래가 영원히 이의 없는 현재가 될 때까지.

　이처럼 교회는 교회의 길이 있다. 세상에서 선발된 교회요, 세상의 다른 공동체와는 구별되는 공동체다. 그러나 이 공동체는 선발되었다고 해서 격리되어서는 안되며, 구별된다고 해서 고립해서도 안 된다. 이것은 비단 이 공동체가 애당초 다른 공동체들의 영향권 내에 있고 양쪽의 구성원이 같은 사람들이므로 격리·고립 자체가 불가능하기 때문만이 아니다. 또한 그래서는 안되기 때문이다. 교회는 단순히 세상에서 선발되어 나와 있다기보다는 하느님께 속하는 성도들로서 다시 세상에 파견되어 있다. 교회는 따라서 모든 "속세"와 분리된 "성역"을 이루어서는 안 된다. 이것이야말로 이미 본 바와 같이 예수가 말한 임박한 하느님 통치의 의도에 반한다. 하느님 통치는 일상생활에서 이루어지는 것이고 온 세상을 상대로 하는 것이다. 또 속세와 분리되어 성역을 이루는 것이야말로 바오로가 말한 그리스도교적 자유의 의도에 반한다. 자유로운 그리스도 신자에게는 그 자체로 불결한 것이란 아무것도 없고 — 바르게만 이해한다면 — 모든 것이 허용된다. 교회가 세상과 구별되어 있는 것은 세상 안에서 믿지 않는 사람들과는 달리 살고 행동하기 위함이다. 그러므로 그것이 어디든 일상생활 중에 사람들이 하느님의 은총과 사랑의 말씀을 받아들여 믿고 순종하면서 자기가 받은 사랑을 다시 행동으로 다른 사람들에게 나누어 주고 있는 곳이면, 거기에는 거룩한 교회가 있다. 그리고 물론 동시에 이 거룩한 교회야말로 거듭 새로이 사죄를 받을 필요가 있다.

영속·불후·무류의 교회

교회는 하느님에 의하여 거룩한 존재로서 구별되어 **있다** — 이것은 하느님의 은총의 결과다. 교회는 항상 구별되어 **있어야 한다** — 이것은 회개하고 쇄신하라는 하느님의 요구다. 교회는 또한 항상 구별되어 **있을 것이다** — 이것은 충실하신 하느님의 약속이다. 이스라엘 백성처럼 교회는 자기 자신이 아니라 자비롭고 성실하신 하느님에 의하여 보존된다. 구별된 존재인 교회는 철회될 수 없는 성격을 띠고 있다. 신약성서의 온 메시지가 이 믿음에 의존하고 있다.

외적 위험이 아무리 무섭게 위협한다 하더라도, 아무리 교회가 이스라엘 백성처럼 여기저기서 천대와 굴욕을 당하고 궁지에 몰리고 멍에를 강요당한다 하더라도, 아무리 조롱받고 비틀거리고 짓눌리고 박해를 받는다 하더라도, 심지어 다 죽어가는 것같이 보인다 하더라도, "저승의 성문들도 교회를 내리누르지 못할 것입니다"(마태 16,18). 교회는 죽음의 세력에 굴복당하지 않을 것이다. 교회는 **파괴될 수 없다**. 교회에는 하느님의 성실성에 의하여 끈질긴 **영속성**永續性이 주어져 있다. 온갖 실수와 약점에도 불구하고 교회는 하느님 자신에 의하여 생명이 보존될 것이다.

내적 타락이 아무리 두렵게 만연한다 하더라도, 아무리 교회가 이스라엘 백성처럼 여기저기서 지치고 게을러진다 하더라도, 혹은 아무리 기고만장하고 분주해진다 하더라도, 아무리 분별없고 조야하고 비루하고 치사해진다 하더라도, 여러모로 이질화하고 주님을 배반한다 하더라도, "보시오, 나는 세상 종말까지 어느 날이나 항상 여러분과 함께 있습니다"(마태 28,20) 하고 영광된 주님이 교회와 연대하여 교회를 보호 지원하고 있다. 교회는 죄악의 세력에 굴복당하지 않을 것이다. 교회는 **파멸할 수 없다**. 교회에는 하느님의 자비에 의해 항구한 **불후성**不朽性이 주어져 있다. 온갖 죄악과 과오에도 불구하고 교회는 하느님에 의해 은총 속에 보존될 것이다.

진리의 배반이 개별적인 문제에 있어서 아무리 위험하게 드러난다 하더라도, 아무리 교회가 이스라엘 백성처럼 여기저기서 갈팡질팡하고 회의하게 된다 하더라도, 혹시 오류를 범하고 정도正道를 벗어나기까지 한다 하더라도, "진리의 영"이 "협조자"로 교회에 "영원히 여러분과 함께 계실"(요한 14,16-17) 것이다. 교회는 거짓의 세력에 굴복당하지 않을 것이다. 교회는 **속을 수 없다**. 교회에는 하느님의 약속에 의하여 확고한 **무류성**無謬性이 주어져 있다. 온갖 오류와 오해에도 불구하고 교회는 하느님에 의하여 진리 안에 보존될 것이다.

여기서 무류성이란 **개별적인 오류에 의하여 파기되지 않는, 진리의 기본적 보존**을 말한다. 교회의 무류성은 성서에 근거가 있고 종교 개혁자들도 거기에 이의가 없지만, 거기서 특정한 **명제들도 확정적**인 무류성이 있다는 결론이 선험적으로 의심없이 나오느냐 하는 것은 신약성서에 직접 근거가 없고 각 그리스도교 교회들 사이에 이론이 많으므로, 위에서 설명한 바를 토대로 하여 다시 검토해 보아야 할 것이다.

교회는 하느님의 약속과 보증에 의하여 항상 거룩한, 세상과 구별되는 교회다. 따라서 만일 교회가 없다면, 또는 거룩한 교회가 없다면 어떻게 될까를 생각할 필요는 없다. 그 문제는 하느님이 돌본다. 즉, 교회는, 또는 거룩한 교회는 항상 존재할 것이다! 교회는 세상 안에서 세상과 구별되는 자신의 특성을 잃지 않을 것이다. 아무리 상처를 받아도 생명은 보존할 것이고 아무리 죄를 지어도 은총을 잃지는 않을 것이며 아무리 오류를 범해도 진리를 외면하지는 않을 것이다. 신앙이 약해지고 사랑이 식고 희망이 흐려질 수는 있다. 그러나 신앙의 기본, 사랑의 뿌리, 희망의 바탕은 항상 존속하고 뽑히지 않으며 흔들리지 않을 것이다. 그래서 교회는 언제나 파괴할 수 없이 지속되는, 파멸할 수 없이 항존하는, 속을 수 없이 진리를 보존하는 교회다. "진리의 기둥이며 기초입니다"(1티모 3,15). 교회의 영속성·불후성·무류성은 교회 스스로 만든 것이 아니다. 이것은 아무도, 교회 자신도 빼앗을 수 없다. 그러므로 교회는 끊임없이 교회 자체로 남아 있을 것이다. 끊임없이 성도들의 모임, 하느님의 백성, 성령의 피조물, 그리스도의 몸으로 남아 있을 것이다. 어떤 다른 것이 되지는 않을 것이다. 사이비 교회가 되지는 않을 것이다. 교부들이 설명했듯이, 교회는 거지가 될 수도 있고 장사치가 될 수도 있으며 창녀가 되어 몸을 팔 수도 있지만, 그래도 언제나 하느님의 보존·구원·사죄하는 은총에 의해 그리스도의 신부임에는 변함이 없다. 세상에서 비참하게 굶주리고 사고무친할지도 모르지만, 그래도 언제나 아버지는 잃었던 자식을 다시 안아 줄 것이다. 사막에서 길을 잃을지도 모르나 목자가 따라갈 것이요, 도시에서 헤맬지도 모르나 신랑이 알아볼 것이며, 신부가 신랑을 버릴지는 모르나 신랑은 신부를 버리지 않을 것이다. 세세대대로 교회는 스스로 선택한 것이 아니고 취소할 수 없이 지정된 길을 간다. 가다가 길을 잃을지도, 혹은 옆길로 들고 진 땅을 밟을지도, 가다가 비틀거릴지도, 그러다가 넘어질지도, 가다가 강도를 만날지도, 그래서 반쯤 죽게 될지도 모른다. 그러나 주 하느님은 모른 척 지나가지 않을 것이다. 상처에 기름을 붓고, 일으켜 세워 여관을 찾아주며, 미리 알 수 없지만 나을 때까지의 여관비마저 치를 것이다. 그래서 교회는 언제나 다시 완쾌된 거룩한 교회가 될 것이다. **믿음으로 우리는 이것을 안다**Credo sanctam Ecclesiam!

사도직의 계승

그러면 **교회가** 사도들과 관련되어 있다, 사도 전래의, 사도 계승의 교회다 하는 것은 무엇을 뜻하는가? 사도직은 전체적으로 **일회적**一回的이며 **반복 불가능**하다. 직접 부활한 주님을 목격했고 직접 주님의 사자使者로서의 임무를 받은, 원시교회의 일원인 그들을 후계자가 대신 또는 대리할 수는 없다. 사도들에게 결정적으로 중요한 것은 주님을 직접 만났다는 것이다. 그들은 모두가 어떤 모양으로든 주님을 죽었다가 살아난 분으로 체험했다. 부활한 주님의 직접 목격은, 그것이 후대의 교회에서는 계속적인 그리스도의 발현에 의하여 거듭 확인된 것이 아니라 사도들의 증언 전승에 의해서 거듭 선포된 것에 불과하다는 점에서, 하나의 일회적인 사건이다. 그러므로 신약성서로 기록되어 있는 바 사도들의 설교는 어느 시대에나 기준이 되는 본래적·기본적인, 예수 그리스도에 대한 증언이다. 그 일회성은 이후의 어떤 증언으로도 대치되거나 무효화될 수 없다. 교회의 후대 세대들은 항상 "사도적" 초대 세대의 말씀과 증언과 봉사에 의존한다. 사도들은 최초의 파견을 받고 최초의 증언을 한 최초의 증인임에 변함이 없다.

그렇다면 **사도적 계승**이란 무슨 뜻인가? 부활한 주님 자신의 직접 증인이요 사자라는 점에서는, 사도들은 후계자가 있을 수 없다. 사도들의 부름이 계속되지는 않았다. 직접 증인이요 사자라는 기본 직무로서의 사도직은 사도들의 죽음과 더불어 사라졌다. 직접 목격자이며, 직접 파견받은 자로서의 사도직은 반복과 계속이 없다. 그러나 그 과업과 직분은 남아 있다. 사도적 직분은 사라지지 않았다. 그것은 종말 때까지 계속된다. 사도적 과업은 완수되지 않았다. 그것은 땅 끝까지 만민을 포용한다.

사도들은 죽었다. 새로 사도가 된 사람은 없다. 그러나 **사도적 사명**은 남아 있다. 사도들의 사명은 그들 개인을 초월한다. 다만 이제 사도적 사명은 직접 주님에 의해서가 아니라 간접으로 인간에 의해서 이루어진다. 그리고 사도적 사명이 남아 있으므로 **사도적 봉사**도 남아 있다. 이 사도적 봉사도 계속 사도로 부름을 받음으로써가 아니라 주님의 본래의 증인이요 사자로서의 사도들에 대한 순종에 의하여 이루어진다. 사도적 봉사라는 사도적 사명의 존속에 **사도적 계승**이 있다. 그것은 사도들에 대한 순종에 의한 사도직의 계승이다! 이것은 법적·사회학적 의미의 승계가 아니다. 이런 이차적인 관념으로 신학적 쟁점을 흐리게 해서는 안 된다. 그러나 어떻든, **누가** 사도들을 계승하는가?

근본적인 대답은 오직 하나, 그것은 교회라는 것이다! 소수의 개인이 아니라 온 교회가 사도들을 계승한다. 우리의 신앙고백은 사도적 계승의 **교회**다. 그렇다, **온** 교회가 예수 그리스도의 복음에 대한 사도들의 설교에 의해 모인 새로운 하느님 백성이다. **온** 교회가, 사도들의 기초공사에 의해 지어진 성령의 성전이다. **온** 교회가, 사도들의 봉사에 의해 결합된 그리스도의 몸이다. 사도들이 불러모은 교회에 사도들의 전권적全權的 사명이 계승되어 있고, 사도들이 봉사한 교회에 사도들의 전권적 봉사가 계승되어 있다. 교회는 순종에 의해 사도들의 후계자다. 그리고 이 순종에 의해 권위와 권한이 있다. 사도성을 이렇게 이해할 때 교회의 단일성·성성·보편성도 전반적으로 참뜻이 결정된다. 즉, 이들도 사도들의 기초 위에서 이해되어야 한다. 중요한 것은 따라서 사실史實의 계승이 아니라 실질의 계승, 즉 내적인 **실질적 연속성**이다. 그것은 단순히 교회 자신이 만들어 내는 연속성이 아니라 하느님과 그리스도의 영을 통해 주어지는 연속성이다. 바로 이 영이 사도들과 그들의 증언에 충만했던 것이고, 교회를 그 후계자로 삼아 움직이고 있는 것이다. 교회는 모름지기 신앙에 의해 성령에 개방됨으로써만 사도들과 그들의 증언에 대한 순종의 필요성을 깨달을 수 있다. 이런 의미에서 사도적 계승은 하나의 **영적** 계승이다. 사도성 역시 은혜인 동시에 과업이다.

이 사도들과의 실질적 연속성은 두 가지 관점에서 설명될 수 있다. 교회가 그 모든 구성원들을 통해서 사도들의 증언과의 계속적인 일치를 보존하고 동시에 사도들의 봉사와의 계속적인 관계를 보존할 때, 교회는 사도들을 계승하는, 즉 사도적 교회가 된다.

사도적 증언

직접적인 영감에 의해서가 아니라 사도들의 증언을 거쳐서 교회는 주님의 메시지를 듣는다. 물론 단순히 사도들의 말만을 들어서는 안 된다. 사도들의 증언을 통하여 주님 자신의 말씀을 들어야 한다. 주님이 교회 안에서 사도들의 증언을 통하여 말씀하시게 해야 한다. 그들의 증언을 듣는 사람은 그의 말씀을 듣는 사람이다. 역으로 그들의 증언을 듣지 않는 사람은 그의 말씀을 듣지 않는 사람이다. 교회는 사도들을 거치지 않고 주님께 이를 길이 없다. 그들의 증언을 통해서만 주님을 알 수 있다. 사도들의 본래적·기본적 증언은 어느 시대, 어느 장소에서나, 설교하고 믿고 행동하는 교회 존재의 근원이요 규범이다. 이 증언은 교회 안에서 거듭 재인식되면서 교회생활 전반에 실현되어야 한다. 사도적 계승이 이루어지는 곳은 그러므로, 교회와 그 모든 구성원들이 거듭 새로이 이 사도적 증언과 생생하게 마주치는 곳, 즉 이 증언에 대한 경청·존중·신앙·고백·추종이 이루어질 수 있는, 그런 곳이다.

  이 사도적 증언은 추상적·불확정적이 아니라 구체적·역사적으로 교회에 주어져 있다. 사도들의 생생한 증언이 구약과 연결된 신약의 기록에 의하여 우리들에게 원천적으로 전승되어 있다. 신약성서는 원천적·기본적인, 따라서 모든 시대 교회의 척도가 되는, 사도들의 증언이다. 물론, 마치 신약의 모든 기록을 사도들이 (문자 그대로) 썼다고 상상할 것은 아니다! 그러나 이 기록은 모두가 사도들의 본래의 메시지를 훌륭하게 — 반드시 동일한 정도로 직접적이고 분명한 것은 아니나 — 증언해 주고 있음이 교회에 의하여 인식·승인되어 있다. 이것이 신약 정경正經의 뜻이다. 이 정경이라는 표준에 의하여 교회는 영靈들을 식별하는 기능에 의하여 오랜 역사를 거쳐 타당한 사도적 증언과 여타의 전승들을 실질적으로 구별해 냈던 것이다. 교회의 근원에 관한 증언으로 신약성서 **이외에** 무엇이 있는가! 신약성서 이외에 복음서·사도행전·사도들의 편지 등으로 근원의 증언을 자처하여 등장한 것들은 — 일부 2세기에 나온 것도 있지만 — 모두가 위경僞經에 불과하다. 정경에 비하여 이들의 가치가 보잘것없다는 것은 조금만 읽어보아도 넉넉히 알 수 있고, 역사적 자료로서의 이용가치도 없다는 것이 일반적으로 인정되고 있다. 이런 의미에서 교회의 근원에 관한 본래의 "사도적" 전통은 신약성서밖에 없다. 실질적으로 타당한 **교회의** 전통은 사실상 이 근원적인, 성서에 기록된 **사도들의** 전통의 해석·설명·적용으로 존재할 뿐이다. 사도적 계승이 구체적으로 이루어지는 곳은 그러므로, 교회가 거듭 새로이 근원적·기본적·표준적인 성서의 증언과 생생하게 마주치는 곳, 즉 이 성서의 증언에 언제나 충실하면서 설교하고 믿고 행동하는 곳, 성서를 덮어 두거나 그저 하나의 책(교리서나 역사서나 법전)으로만 보지 않고, 오늘 여기서의 생생한 증언으로, 인간을 해방하는 좋은 소식, 기쁜 소식으로 받아들이고 믿는, 거기에 있다. 이런 의미에서 사도적 계승은 근본적으로 **사도적 신앙과 고백**의 계승이다.

사도적 봉사

교회는 봉사 없이 달리 사도들의 증언인 성서의 증언에 충실할 수가 없다. 물론 교회가 사도들을 섬겨야 하는 것은 아니다. 그들도 교회의 봉사자들인 것이다. 교회는 사도들과 함께 주님을 섬겨야 한다. 주님은 교회에게도 사도에게도 주님이다. 그러나 교회는 사도들 자신이 주님을 섬기게 된 것과 같은 모양으로 주님을 섬기게 되도록 해야 한다. 교회는 봉사 없이 달리 사도적 사명과 권한과 권위를 확신할 수가 없다. 사도성은 결코 교회가 마음대로 처분해도 좋은 고유재산이 아니다. 교회가 통치의 수단으로 삼아도 좋은 강권이 결코 아니다. 교회는 복종시킬 것이 아니라 복종해야 한다. 사도들에게 복종함으로써 교회와 사도들의 주님께 복종해야 한다.

사도들을 따름으로써 교회는 진정한 복종, 진정한 봉사가 무엇인지를 배울 수가 있다. 사도적 계승이 이루어지는 곳은 그러므로, 교회가 그야말로 생생하게 사도적 증언과 마주치면서 여러 가지 모양으로 사도들의 봉사의 모범을 따르고 있는 곳, 즉 복음을 전파·증언하고, 만세·만방에 두루·줄곧 세례를 주며, 함께 기도하고 함께 먹고, 공동체를 건설하며, 온 세상의 교회들과의 유대와 일치를 도모하는 거기에 있다. 여기서 교회의 구성원들은 제각기 주어진 카리스마에 따라 제각기 임무가 있다. 그리고 이 모든 것은 교회 자체를 위하여 이루어져야 할 것이 아니다. 사도적 교회야말로 결코 그 자체에 목적이 있는 것이 아니다. 교회가 행하는 것은 외부를 향하여, 세계를 향하여 파견된 그 사도적 사명의 수행이어야 한다. 세상에, 인류에 봉사하는 것이어야 한다. 교회가 있다는 것과 교회가 파견되어 있다는 것은 별개의 것이 아니다. 모름지기 사도들을 따라 세상에 파견되어 있는 자기 존재를 인식·실천함으로써만 교회가 존재한다. 이런 의미에서 사도적 계승은 근본적으로 사도적 신앙과 고백의 계승만이 아니라 또한 바로 그때문에 **사도적 봉사**의 계승이다.

　이로써 분명해지거니와, 사도성도 단일성·성성·보편성에 못지 않게 교회의 정적靜的 속성이 아니다. 이 역시 하나의 역사적 차원이다. 역사 안에서 거듭 재현되어야 할 차원이다.

　위에서 우리는, 신앙인 공동체인 교회를 하느님의 백성이요 성령의 피조물이며 그리스도의 몸이라고 할 때, 또 이 교회를 하나요 거룩하며 보편적이요 사도적인 교회라고 할 때, 그것이 무엇을 뜻하는가를 설명해 보았다. 이 네 가지 속성, 즉 이 네 가지 차원은 모두가 결코 배타적인 것이 아니다. 이들을 열거하는 것으로는 불완전하고 또 불완전할 수밖에 없다. 교회의 신비는 이런 식으로 완전히 설명될 수 있는 것이 아니다. 그러나 이 네 가지 차원이 임의적인 것이 아니라 신약성서에 의하여 요청되는, 따라서 본질적인 차원이라는 것은 분명해졌다고 할 수 있을 것이다. 이들은 매우 상관관계가 깊은 차원들이다. 그렇다, 자주 확인할 수 있었듯이, 서로 교차관계에 있고 또 그럴 수밖에 없는 차원들이다. 대체 교회의 단일성에 보편성의 넓이와 성성의 활력과 사도성의 근원이 없다면 무슨 의미가 있는가! 대체 교회의 보편성에 단일성의 유대와 성성의 구별과 사도성의 추진력이 없다면 무슨 의미가 있는가! 대체 교회의 성성에 단일성의 단결심과 보편성의 도량과 사도성의 뿌리가 없다면 무슨 의미가 있는가! 대체 교회의 사도성에 단일성의 형제애와 보편성의 다양성과 성성의 열성이 없다면 무슨 의미가 있는가!

그리스도 신자들은, 그리스도교 교회들은, 이 네 가지 교회의 기본 차원에 대하여 의견이 일치할 수 없을까? 이리하여 더욱 절실히 제기되는 문제가 바로 사도성과 관련된 ― 근본적으로는 단일성·성성·보편성과도 관련된 ― 문제다. 이것은 근본적으로 필경 일차적인 문제는 아니지만 사실상 교회 분열의 요인이 되고 있는 문제다: 이 하나요 거룩하며 보편적이고 사도적인 교회의 외적 구조는 무엇이며, 이에 대하여 교회의 직무는 무엇을 의미하는가?

10 교회 내의 봉사

유일한 대사제요 중개자인 그리스도

지금까지의 설명을 읽고 혹시 이런 질문이 나올지도 모른다: 교회 내 직무 담당자들 이야기가 어째서 이처럼 늦게야 나오는가? 대답은 이렇다: 처음부터 이야기해 왔다! 우리는 처음부터 신앙인들의 공동체를 말해 왔다. 사실상 하나의 교계론敎階論으로 변한(Ecclesia = hierarchia라는) 교회론의 근본 결함은 이러했다: 이들 교회론은, 직무 담당자도 누구나 직무 담당자이기 이전에 일차적으로 — 시간적으로나 사실상으로나! — 하나의 신앙인이요 따라서 신앙인 공동체의 일원이며, 이 그리스도교적 기본 사실에 비하면 직무에 관한 것은 모두가 어디까지나 이차적 혹은 심지어 삼차적인 것에 불과하다는 것을 이미 현실적으로 몰각하고 있었다. 분명히 말해 두거니와, 직무 없는 신앙인은 그리스도 신자요 그리스도의 교회의 일원이나, 신앙 없는 직무 담당자는 그리스도 신자도 그리스도의 교회의 일원도 아니다. 그래서 우리는 신앙인 공동체로서의 교회부터 먼저 말하기 시작한 것이다. 그럼으로써만 교회 직무도 바르게 이해될 수 있기 때문이다.

이것은 공동체가 교회 직무보다 먼저 존재한다거나 혹은 교회 직무가 아니고 공동체가 교회 내에서 최고 권위를 가지고 있다는 뜻인가? 이런 양자택일은 신약성서상으로는 문제가 되지 않는다. 여기서는 공동체와 직무, 직무와 공동체가 **동렬**의 권위를 가지고 유일한 최고 권위인 예수 그리스도에게 복종하는 것으로 나타난다. 예수 그리스도는 성령을 통하여 현존하고 행동하는, 바로 교회의 주님이다. 그리고 이 그리스도와 더불어 그의 최초의 증인과 사자使者들이 나타난다. 최초의 증인으로서 그들은 교회의 기초를 이룬다. 즉, 사도들은 공동체보다도 직무보다도 우위에 있다. 양자가 다 사도들과 그들의 증언 앞에 스스로 사도적임을 증명해야 하고, 양자가 다 사도들에 의하여 기초적으로 선포된 주님과 주님의 메시지 앞에 책임을 지고 있다. 주님은 교회 전체의 처음이자 마지막 권위다. 직무와 공동체(교회)의 관계를 바르게 규정하자면 이 주님을 출발점으로 삼아야 한다.

그리스도는 사제직의 진리를 최종적으로 성취했다. 예수 그리스도는 유일한 신약의 대사제, 유일한 하느님 백성의 대리자Vicarius, 유일한 중개자다.

그래서 이제 **모든** 신앙인들이 특별한 모양으로 제사를 바쳐야 한다면, 이것은 **모든** 신앙인들이 유일한 대사제요 중개자이신 분을 통하여 — 전혀 새로운 방식으로! — **사제적** 임무를 지니고 있음을 의미한다. 이리하여 **특별** 사제계급은 새롭고 영원한 대사제의 **유일** 사제직에 의하여 해체되고 — 생소하면서도 매우 당연한 전환으로서 — **모든** 신앙인의 **일반** 사제직이 나온다.

일반 사제직이란?

그러나 일반 사제직이라는 말은 너무나 쉽사리 — 바로 개신교 신학에서도 — 사제적 대리와 중개를 배척하기 위한 부정적인 구호에 머물고 있다. 이것은 여러모로 수세기에 걸친 신학적 및 실천상의 성직주의에 대한 하나의 정당한 반발이라고 할 수도 있다. 그러나 필경 중요한 것은 일반 사제직의 **적극적** 의미를 드러내는 일이요 적극적으로 권리와 의무를 인식하고 **또** 행사하는 일이다. 공동체의 각 구성원이 사제적 권한과 기능을 행사할 수 있고 또 **현실적으로** 행사하고 있지 않은 곳에서는 일반 사제직이란 어불성설이다. 따라서 물어야 할 것은 이것이다: 무엇이 일반 사제직의 **구체적 내용**인가? 어디까지 교회의 온 백성이 사제인가?

❶ **직접 하느님께 나아감**: 이교도인과 유대인의 종교 의식에서는 여러모로 사제들만이 성전의 가장 안쪽까지 접근할 수 있었다. 그러나 세례받은 신앙인인 그리스도 신자는 이미 궁극적인 의미에서, 그리스도 안에서 하느님과의 친교를 발견하고 보존하기 위하여 인간적인 중개자를 필요로 하지 않는다. 공동체의 일원으로서, 타인과 더불어 타인을 위하여 존재하는 인간으로서, 각 신앙인들도 모두가 궁극적으로 하느님과 직접 관계를 맺고 있다. 공동체 내의 어떤 인간적 존재도 이 하느님과의 직접 관계를 박탈할 수는 없다. 어떤 인간적인 권위도, 교회의 권위라 하더라도 침해할 수 없다! 인간과 하느님 사이의 궁극적인 결단은, 또 이에 따른 인간과 인간 사이의 결단도, 가장 깊은 인격의 내면에서 이루어진다. 여기서 인간은 직접 하느님의 은총에 접하고 하느님의 영에게 인도된다. 여기서 인간은 궁극적인 자유와 궁극적인 책임을 발견한다. 이 하느님과 인간의 직접 관계의 영역에서 이루어지는 결단에 대하여 판단이나 통제나 명령을 할 권한이 있는 사람은 아무도 없다.

❷ **영적 제사**: 최종적으로 이루어진 그리스도의 제사에 의하여 모든 사제적 속죄 제사는 성취된 동시에 불필요한 것이 되었다. 그러나 모든 신앙인은 신약의 제사를 바쳐야 한다. 이것은 이미 구약에서도 알려졌던, 예언자들이 어떤 법적으로 규정된 물질적 제사보다도

훌륭한 제사라고 했던(호세 6,6; 미카 6,6-8 참조) 그런 제사다. 즉, 기도, 찬미와 감사, 참회·정의·친절·사랑, 하느님을 아는 것이다. 신약의 일반 사제직에 의하여 기대되는 것은 그러므로 영적 제사다. 또 따라서 영의 작용에 의한 제사다: "거룩한 제관이 되기 위해 영적인 집으로 세워지도록 하시오. 이는 영적인 희생, 하느님께서 좋아하시는 희생을 예수 그리스도를 통하여 바치기 위함입니다"(1베드 2,5).

신앙인의 일반 사제직은 따라서 신성화神聖化를 의미하는 것이 아니다. 여기서 일차적으로 중요한 것은 성소聖所에서의 예배가 아니라 세상 한가운데서의, 현세의 일상생활에서의 예배다. 하느님께 사랑을 바쳐 인간에게 사랑을 바치고 인간에게 사랑을 바쳐 하느님께 사랑을 바치는 것이다! 여기에 신약 사제직의 참 제사가 있다. 여기서는 성·속聖俗의 구별의 여지가 없다. 성·속 양계의 구별이 없어진 종말의 완성이 이미 전제되어 있다. 그래서 묵시록의 저자는 천상 도시 예루살렘을 이렇게 바라본다: "나는 그 도성에서 성전을 보지 못했다. 그것은 만물의 주재자이신 주 하느님과 어린양이 도성의 성전이기 때문이다"(묵시 21,22).

❸ **말씀의 전파**: 일반 사제직은 비단 사랑을 바치는 행동과 생활의 증거만이 아니라 뚜렷이 표현되는 말씀의 증거도 포함한다(히브 13,15 참조). 하느님 말씀의 전파는 몇몇 소수인의 임무가 아니라 모두의 임무다: "여러분은 … 왕다운 제관들 … 그것은 어둠에서 당신의 놀라운 빛으로 여러분을 부르신 분의 업적을 여러분이 선포하게 하려는 것이었습니다"(1베드 2,9).

원칙적으로 신앙인은 누구나 하느님으로부터 배운 대로 가르칠 수 있고 또 가르쳐야 한다. 하느님의 말씀을 받은 자로서 또한 어떤 형태로든 그것을 전파하는 자가 될 수 있고 또 되어야 한다. 그리스도 신자는 누구나 가장 넓은 의미에서 — 각기 받은 은혜가 다르므로 누구나가 모든 것을 다 할 수는 없고 또 해야 하는 것도 아니지만 — 말씀을 전파할 소명을 받고 있다. 모두가 그리스도교의 증인이라는 의미에서 — 모두가 엄밀한 의미에서 설교가나 신학자라는 것은 아니지만 — 복음 전파의 소명을 받고 있다. 평신도 설교와 평신도 신학은 원칙적으로 바람직한 것이다.

❹ **세례와 성찬과 사죄의 수행**: 복음 선포는 교회 내에서 여러 가지 모양으로 이루어진다. 하느님의 말씀은 공식 예배에서도 설교로만 나타나는 것이 아니다. 예배에서 말씀은 일정한 행동과 결부된다. 말씀에 의하여 이들 행동이 해석되고 규명되며 복음 선포의 효과적 수단이 된다. 성서에 의해서 볼 때 이들 행동 중에서 무엇보다도 중요한 것은 세례와 성찬과 사죄다. 이미 누누히 말한 바 있으므로 오래 설명할 필요도 없거니와, 세례와 성찬과 사죄라는 행동의 명령을 받은 것은 소수의 선택된 자만이 아니라 제자들 전체, 즉 온 교회다. 그러므로 이미 교회는 세례 임무를 온 교회가 받았다고 — 마태오 28,19에 의하면 사도들이라는 가장 좁은 범위에만 이 임무가 주어진 것처럼 보이는데도 불구하고 — 항상 인정해 왔다. **온** 교회가 세례를 줄 권한이 있다. **각** 그리스도 신자가 원칙적으로 모두 세례를 줄 (그리고 가르칠!) 권한이 있다. 사죄 임무도 — 마태오 18,18에서 제자들에 대한 일반 지시 내지 공동체 질서와 관련하여 나타나듯이 — 온 교회가 받았다. **온** 교회가 죄를 사할 권한이 있다. 그리고 하느님과 그리스도의 사죄권과 상통하여 존립하는 교회와의 상통에 의하여, **각** 그리스도 신자도 원칙적으로 모두 능동적으로 사죄 행위에 참여할 권한이

있다. 성찬식의 거행 임무 역시 — 아마 처음에는 열두 제자들끼리 거행했겠지만, "나를 기억하여 이를 행하시오"(루카 22,19)는 명령과 더불어 — 온 교회가 받았다. **온** 교회가 주님의 몸을 먹고 주님의 피를 마실 권한이 있다. **각** 그리스도 신자가 원칙적으로 모두 이 종말론적 기념·감사·계약의 잔치에 능동적으로 참여할 권한이 있다. 이로써 다시 한번 명백해지거니와, 일반 사제직은 공식 예배와 관련해서도 어느 모로 보나 완전히 구체적인 현실로 나타난다.

❺ **중개자 역할:** 공동체의 사제적 봉사는 공동체의 예배, 특히 성찬식에 그 근원이 있다. 그러나 그것은 여기서 출발하여 세상 안에 그 효과가 나타나야 한다. 공동체 안에서 서로가 섬기고 동시에 세상 안에서 사람들을 섬기는 것으로 나타나야 한다. 일반 사제직은 결코 그리스도 신자와 하느님과의 사적인 관계만은 아니다. 지금까지 우리가 하느님과의 직접 관계에 대하여, 사랑을 바치는 영적 제사에 대하여, 말씀의 전파에 대하여, 세례·성찬·사죄의 실행에 대하여 말해 온 것이 모두가 궁극적으로는 인간을 위한 것이어야 한다. 항상 동시에 서로와 세상을 섬기는 것이어야 한다.

이처럼 일반 사제직의 존립 근거는 신앙인들이 세상에서 하느님과 그분의 뜻을 증언하고 세상에 대한 봉사로 자신의 삶을 표현하는 데에 있다. 일반 사제직을 창설하여 신앙인 상호간의 친교를 이룩하는 것은 바로 하느님이다. 그리스도 신자는 누구나 알고 있다 — 자기가 남을 위하여 하느님 앞에 서 있음을. 또 누구나 알고 있다 — 남이 자기를 위하여 하느님 앞에 서 있음을. 각자가 모두 타인에 대하여 책임이 있다. 함께 투쟁하고 함께 수고하며 함께 죄를 짊어지고 매사에 협력하도록 부르심을 받고 있다. 그러므로 일반 사제직이란, 각자가 자기 자신을 위해서 사는 것이 아니라 하느님 앞에서 남에게 의존하고 남을 위하면서 사는, 친교의 생활이다: "서로 남의 짐을 져 주시오. 그리하여 여러분은 그리스도의 법을 채우시오"(갈라 6,2). 이리하여 일반 사제직의 예배는 교회 공동체 내의 예배에서 일상 세계에서의 예배로 발전한다.

교회의 직무 담당자가 사제인가?

이제 우리는 좀더 잘 알게 되었거니와, 일반 사제직은 신학적 구호나 공허한 존칭에 그치는 것이 아니다. 일반 사제직이라는 이름 뒤에는 매우 풍부하고 구체적인 현실이 숨어 있다. 이와 관련하여 마지막으로 한 가지 더 지적해 두어야겠다 — 이 **이름**도 이 현실에 속한다. 이 이름도 박탈되어서는 안 된다. 우리는 다시 한번 "사제"라는 이름으로 되돌아가야 한다. 신약성서에 의하면 사제가 아닌 백성에 대립되는 사제직이란 이미 존재하지 않고 온 새 백성이 사제단이 되었는데도 불구하고, 지난 수세기 동안에는 사제라는 이름이 거의 교회 공동체 지도자들에게만 유보되고 일반 사제직은 있다 해야 고작 기억에 남아 있는 정도에 그치게 되었다. 그러나 여기서 참으로 주목해야 할 것이 있으니, 애초에 공동체 지도자들에게 사제라는 이름이 붙게 된 것부터가 실로 많은 주저 끝에 이루어진 일이라는 사실이다. 신약성서에 의하면 그리스도의 십자가 제사가 성찬식으로 실효를 내는 것은 사실이나 성찬식 자체가 독자적으로 존립하는 제사는 아니며 그리스도의 일회적 제사의 반복도 아니다. 그래서 신약성서에서는 결코 성찬식을 제사라고 부른 일이 없다. 신약성서 이외의 기록에서만 — 처음으로『열두 사도들의 가르침』(*Didache* 14,1-3)에서, 이어서 유스티누스와 이레네우스에 의해서 — 성찬식을 제사라고 불렀다. 그리하여 점차로 성찬식이 사제적 백성 전체의 공동식사로서보다는 공동체 지도자가 공동체를 위해서 드리는 일종의 새로운 제사로서 오해되기에 이르고 나서야, 공동체 지도자를 — 이교 계통에서나 유대 계통에서나 — **백성과 대립되는 의미로** 사제라고 부르게 되었고, 그 결과로 구약의 사제단 사상과 관념이 이 신약의 "사제들"에게 적용되기에 이른 것이다. 처음으로 사제라는 이름이 등장한『열두 사도들의 가르침』에서는 (15,1), 성찬식의 주도자로서의 공동체 지도자들이 어디까지나 예언자들 — "여러분의 대제관들"이라고 불리었다(13,3)! — 보다는 낮은 둘째의 지위에 있을 뿐이다(15,1-2; 10,7; 13,3 참조). 클레멘스의 첫째 편지에서도 역시, 공동체 지도자들이 성찬의 주도자인 것으로도 나타나지만(44,4), 여기서는 구약의 종교 의식적 제도가 공동체의 종교 의식의 예표豫表로서 — 히브리서에서처럼 대사제 그리스도의 종교 의식을 예표하는 것이 아니라! — 해석되고 있다(40-41). 그러나 아직 안티오키아의 이그나티우스도, 공동체의 종교 의식과 주교에 관하여 말하는 곳에서조차(*Magn.* 7,1; *Philadelph.* 4,1-2) — 이그나티우스는 그 이전의 누구보다도, 주교를 장로와 함께 개인으로서는 특별히 중요시했다 —, "사제"라는 용어는 피하고 있다. 처음으로 테르툴리아누스가 한 번(!) 주교를 "최고 사제" summus sacerdos라고 불렀고, 히폴리투스는 사도들의 "대사제직"이라는 말을 썼다. 그리고 에우세비우스가 처음으로 그의 한 축사祝辭에서 성직자들을 "사제들"이라고 일컬었다.

교회의 성직주의가 급속도로 진전하면서, 오로지 특정한 직무 담당자만을 "사제"라고 부르는 것을 갈수록 대수롭지 않게 여기게 되었고, 그리하여 결국 일반 사제직은 신자들과 대부분의 신학자들의 의식에서 거의 완전히 뒷전으로 물러나고 말았다. 이런 진전에 대하여 무슨 말을 해야 할까? 지금까지 설명해 온 바에 의거하여 두 가지 점을 요약해서 지적하면 족할 것이다: 공동체 지도자들도 "사제"라고 부를 수가 있다는 것은, 바로 일반 사제직에 의거해서도 이론을 제기할 필요가 없다. 그러나 **오로지** 공동체 지도자들만을 "사제"라고 생각하여 이교적·유대교적 관념들에 집착하면서 새삼 그들을 특별히 구별된 신분 계급으로 삼고 하느님과 인간 **사이**에 세워 사제적 백성과 하느님과의 직접 관계를 가로막게 한다는 것은, 우리가 보아온 바 유일한 중개자요 대사제인 예수 그리스도와 **모든** 그리스도 신자의 일반 사제직에 관한 신약성서의 메시지에 전혀 어긋난다.

이와 비슷하게 또 하나의 명칭, 즉 영적인 사람들*pneumatika*을 공동체 지도자 또는 수도자들에 한정시켜 사용한다는 것도 문제다. 마찬가지로 성직자*clerus*라는 말을 교회의 직무 담당자들에게 한정시켜 사용한다는 것 역시 문제다.

지배관계?

위에서 우리가 "사제", "성직자" 등의 말에 대하여 신약성서에 의거하여 해석한 바는, 이미 처음에 "교회"*ekklesia*라는 말에 대하여 언급한 바를 부연·적용한 것에 지나지 않는다. 에클레시아는 지난 수세기에 여러 가지로 "교회"라고 지칭되어 온 그런 사람들만이 아니다. 에클레시아, 즉 교회는 **모든** 신앙인들이다. 그리고 따라서 **모든** 신앙인들이 사제요 성직자다!

그러나 바야흐로 문제는 절박하다: 이와 같은 신약성서의 근본적인 교회관에 아직도 교회 직무와 같은 것이 발붙일 여지가 있을까?

그런 직무에다가 어떤 이름을 붙이기는 해야겠는데, 특수하고 배타적인 명칭으로서의 사제나 성직자와 같은 이름은 신약성서에 근거가 없으니 배척하고 보면, 당장 난처한 노릇이 아닐까?

"사제"나 "성직자"라는 이름은 피해야겠고, 그러면 오늘날 우리가 대개 교회 직무 자체를 두고 사용하는 **이름**으로는 어떤 것들이 있는가? 이름으로 말하면 부족함이 없다: 교직자·교회 당국·교회 행정·교회 장상·교회 권위·교회 영도자·교계 등등. 용어 문제는 교회 직무의 본질을 규정함에 있어서 결코 사소한 문제가 아니다.

세속 그리스어는 물론 신약성서의 그리스어에도 이들 현대적 표현에 상당하는 말들이 없지 않았다. 그러나 신약성서에서는 이처럼 뚜렷한 통용어들을 사용할 수가 없었던 것이 분명하다. 왜? 이들은 모두가 각기 독특한 의미와 더불어 하나의 공통분모, 즉 지배관계를 표현하고 있었다. 바로 이때문에 사용될 여지조차 없었다. 그래서 새로운 말을 찾아서 발전시킬 수밖에 달리 도리가 없었다. 그리고 그 말은 역시 비성서적인, 유대인이나 이교도들이나 주변 세계에서는 이런 의미로서는 상용되지 않던 본시 비종교적인 말이었다. 그것은 어떤 고관·권위·권력·지배의 지위를 연상시킬 가능성이 전혀 없이 공동체 내의 개인의 특별한 지위와 기능을 포괄적으로 표현하는 말, 즉 "디아코니아"*diakonia*였다.

그리스도를 본받는 봉사

섬김이나 봉사를 뜻하는 그리스어 디아코니아는 정치적 또는 사제적인 직무를 뜻하는 말들처럼 어떤 위엄으로, 어떤 또 다른 일종의 지배로 오해될 위험이 없다. 그리스인에게 디아코니아는 누구나 즉시 굴종을 연상하게 마련인 하나의 행동, 곧 식사 시중을 뜻하는 것이었다! 식사 때만큼 주인과 종의 구별이 뚜렷이 드러나는 경우는 없었다. 상전은 긴 옷을 차려입고 식탁에 기대어 있고, 하인은 띠를 두르고 시중을 들어야 했다! 디아코니아(또는 동사로 *diakonein*)가 더 넓은 의미로 사용되어 "식사·부양·생계를 돌봄"을 뜻하거나 전혀 일반적으로 "봉사"를 뜻할 경우에도 열등의 의미를 벗어나지 않는다. 굴종을 뜻할 까닭이 없는 정치가의 봉사직만이 이런 의미에서 벗어난다.

어떻든 이 말의 매우 구체적인 일상 의미를 기준으로 판단할 때, 이 말이 비단 그리스인에게만이 아니라 도대체 일반적인 사고방식을 가진 모든 사람들에게 얼마나 엄청난 가치 전환을 의미했던가는, 다음과 같은 예수의 요구에서 잘 드러난다: "여러분 가운데서 제일 큰 사람은 제일 어린 사람처럼 되고 다스리는 사람은 섬기는 사람처럼 되어야 합니다. 사실 상받고 앉은 사람과 섬기는 사람 중에 누가 더 높겠습니까? 상받고 앉은 사람이 아니겠습니까? 그러나 나는 여러분 가운데서 섬기는 사람으로 처신합니다"(루카 22,26-27).

그러나 물론 예수의 관심사는, 단순히 식사 시중이나, 더 넓은 의미와 관련된(루카 8,3; 마르 15,41; 마태 24,45 참조) 부양과 생계를 돌보는 일만이 아니다. 또 단순히 어떤 특별한 자선 행위 — 이 역시 디아코니아라는 말로 요약될 수가 있다(마태 25,42-44 참조) — 만도 아니다. 예수의 근본 관심사는 "남을 위한 존재"에 있다(마르 9,35; 10,43-45; 마태 20,26-28). 그리고 여기서 디아코니아라는 말은 다른 비슷한 말들과는 달리 처음부터 그야말로 온전히 자기 인격을 다 바쳐 타인을 지향하는 봉사를 표현한다. 이것이야말로 예수의 제자가 되는 데 결정적으로 중요하다. 예수의 제자란 남을 섬김으로써 이루어지는 인간이다! 주변 세계의 모든 직무 개념과 대립시켜 예수는 이 봉사라는 새로운 표현을 선택·강조했다. 공관 복음서에는 위에서 우리가 인용한 루카 복음 구절과 의미가 거의 동일한 봉사에 관한 예수의 말씀이 여섯 번이나 나온다. 바로 이 봉사라는 말이 제자들에게 깊은 인상을 주었던 것임에 틀림없다.

여기서 ― 용어가 달라짐으로써 ― 뚜렷이 그리스도교적인 특징이 부각된다. 그리고 그 결과는 대단히 크다: 단순히 **권리**와 **권력**으로 구성되는, 따라서 국가 집권자들의 직무에 상응하는, 그런 직무가 예수의 제자들 사이에 있을 수 있는가! 아니면 단순히 **학식**과 **위엄**으로 성립하는, 따라서 율법학자들의 직무에 대응하는, 그런 직무가 제자들에게 있을 수 있는가! 예수의 제자가 되는 성립 요건은 권리·권력·학식·위엄이 아니라 **봉사**다. 예수를 따르는 제자들의 모범이 될 수 있는 것은, 국가의 집권자도 현학적인 율법학자도 아니요, 또 백성들 위에 군림하는 사제들도 아니며 ― 주목할 만한 사실로서 예수는 결코 사제를 모범으로 내세운 일이 없다(히브리서 참조) ― , 단지 식사 시중꾼에 불과하다: "나는 여러분 가운데서 섬기는 사람으로 처신합니다"(루카 22,27). 그러나 이것은 도덕적 교훈으로 알아들어서는 안 된다. 여기서 요구되는 것은, 자발적이며 외적인 (매년 일정한 날에 행하는 식의!) 겸양이 아니라, 살거나 죽거나 "남을 위한 존재"가 되는 일이다. 이것은 예수 자신의 봉사에 의하여 증거된 바요(마르 10,45; 마태 20,28), 요한의 해석에 의해서도 요청되는 바다: "제 목숨을 아끼는 사람은 그것을 잃을 것이요 이 세상에서 제 목숨을 미워하는 사람은 그것을 보전하여 영원한 생명을 누리게 될 것입니다. 누가 나를 섬기고자 하면 나를 따르시오. 내가 있는 곳에 나를 섬기는 이도 있을 것입니다. 누가 나를 섬기면 아버지께서 그를 영예롭게 하실 것입니다"(요한 12,25-26).

봉사의 뿌리와 목표는 **사랑**이다. 남에 대한 사랑에서 봉사가 나와야 한다. 이것을 요한은 최후만찬과 관련된 이야기에서, 식사 시중 이미지를 빌려 와 지극히 인상적으로 묘사했다(요한 13,1-17): "세상에 있는 당신의 사람들을 사랑해 오신 그분은 이제 그들을 끝까지 사랑하셨다." 그래서 그는 식탁에서 일어나 허리에 수건을 두르고 식탁에 기댄 이들의 발을 씻어 준 것이다.

교회의 봉사 구조

교회가 영적 은사의 공동체라면, 그것은 또한 봉사의 공동체다. 카리스마(은사)와 디아코니아(봉사)는 상호 관련된 개념이다. 디아코니아는, 교회 내의 모든 디아코니아가 하느님의 부르심을 전제로 한다는 점에서, 카리스마에 근거를 두고 있다. 카리스마는, 교회 내의 모든 카리스마가 봉사에 의해서만 그 의의를 찾을 수가 있다는 점에서, 디아코니아를 목표로 하고 있다. 공동체의 건설, 공동체의 이익을 위하여 책임의식 있는 봉사가 있는 곳에 진정한 카리스마가 있다: "각자에게 영을 드러내는 은사가 베풀어지는 것은 공익을 위한 것입니다"(1코린 12,7).

교회 내 카리스마의 다양성에 제한이 없는 한, 봉사의 다양성도 마찬가지다: "각 사람은 은사를 받은 대로 하느님의 여러 가지 은총의 관리자로서 서로 봉사하시오"(1베드 4,10). 그러나 어떤 카리스마, 예컨대 충고·위로·신앙·지혜·지식·영의 식별 등은 더 개인적으로 하느님으로부터 받은 자질과 덕행으로서 기회 있는 대로 남에게 봉사하기 위하여 사용되는 반면에, 또 어떤 카리스마, 즉 사도·예언자·교사·전도사·집사·장로·감독·목자 등은 하느님에 의하여 설정된 공동체 내의 공적 역할로서 계속적·규칙적으로 행사된다. 신약성서에서 전자는 대개 은혜와 그 효과로 지칭되고, 후자는 인물로 표시된다. 인물로 지칭될 수 있는 까닭은, 소명이란 분명히 마음대로 오가는 것이 아니라 일정한 계속성을 가지고 일정한 인물과 결부되어 있으며 따라서 이런 인물들이 교회 내에서 사도·예언자 등등으로 "임명"되어 있기 때문이다(에페 4,11 참조). 이 둘째 형태의 **특별한** 카리스마적 봉사, 즉 지속적·공적 공동체 봉사의 구조가 바로 우리가 말하고자 하는 **봉사** 구조다. 이것은 교회의 특정한 일면이다. 교회의 일반적·기본적 카리스마 구조를 나타내는 특정한 일면이다.

전체교회의 사도적 계승 안에는 여러 가지의 **사목 봉사**라는 특별한 사도적 계승이 포함되어 있으니, 목자들은 그 자신이 사도는 아니나 사도들의 과업과 임무, 즉 교회 건설과 교회 지도를 계속 수행하고 있기 때문이다.

소극적 관점에서: 사도적 계승을 역사적 현실과 유리시켜서 본다면 그것은 추상적인 사도 계승관이다. 전체로서의 교회만이 아니라 교회 봉사의 여러 가지 형태를 구체적으로 관찰해야 한다. 결코 교회의 모든 봉사가 다 동일한 의미를 가지고 있지는 않은 것이다.

적극적 관점에서: 사목 봉사자들은 사도는 아니나 특별히 사도들의 과업과 임무를 계속 수행하면서 교회를 세우고 교회를 지도한다. 그들은 일방적인 명령권을 가진 지배층이 아니다. 그러나 특별한 봉사직에 의하여 결정되어 있는 상하 질서가 존재한다.

사도들의 과업을 계속 수행하는 수많은 카리스마적 지도 은혜 중에서도, 사도 이후의 시대에 특별히 뚜렷이 등장하게 된 것이 있으니, 그것은 **장로**와 **감독**(주교)과 **집사**(부제)라는, 특별한 파견 ─ 안수按手 ─ 에 근거한 사목 봉사직이다.

소극적 관점에서: 사도들로부터 주교들에게로 단순히 직선적인 연결만을 시키려 한다면 그것은 하나의 선험적先驗的인 도식圖式에 불과하다. 애초에는 체계화되지 못하고 자유자재로 나타나던 카리스마들(맏아들·일꾼·관리자·인도자 등)은 아예 제쳐놓는다 하더라도, (적어도 시간이 흐름과 더불어 성립된) 안수를 조건으로 해서 위임된 봉사직들 — 장로·주교·집사 등 — 도 신약성서를 근거로 해서는 체계화한다는 것이 불가능한 일이다. 안티오키아의 이그나티우스의 "직무 서열 삼분법"이 교회의 근원에 뿌리박고 있는 것이기는 하나, 그러한 삼분법 자체가 그대로 **본래의** 봉사직의 서열이요 구분인 것은 아니다. 그것은 매우 복잡한 역사적 진전의 결과다. 세 가지 직무, 특히 주교와 장로의 역할에 대하여 **신학적·교의적**으로 상호 한계를 규정한다는 것은 불가능한 일이다.

적극적 관점에서: 여러 봉사직들의 상호 한계를 규정한다는 것은, 한편으로는 봉사직들의 사실상 발전의 문제요 또 한편으로는 사목적 합목적성의 문제다. 비록 교회 봉사직의 삼분법 — 장로·감독·집사 — 을 의의깊은 발전이요 현실적으로 훌륭한 질서라고 전적으로 긍정한다 하더라도, 대개는 **하나의** 가능성의 실현에 불과한 교회법적 규정들을 교의적 필연의 결과라고까지 설명하려 들어서는 안 된다. 신약성서에 나타나 있는 풍부한 교회 질서의 실마리들은 여러 가지 발전 가능성을 열어 놓고 있다.

교회 내의 사도들의 특별한 후계자로서 사목 봉사자들 주위에는, **다른 은사**와 봉사직을 받은 사람들, 특히 신약성서의 **예언자**들과 **교사**들이 있으니, 이들은 목자들과 더불어 협력하면서 고유의 본래적 권위를 가지고 있다.

소극적 관점에서: 목자들이 자기들만 영을 소유하고 있다고 자처

하고 바로 그때문에 다른 사람들 안에 있는 영은 억제하려고 하는 하나의 성직정치hierocracy에 이르게 된다면, 그것은 교회 내의 자유로운 카리스마를 비성서적으로 제한·통합·독점함을 의미한다. 직무 담당자가 자기 자신을 동시에 사도요 예언자요 교사라고 생각하고 그래서 매사를 한 사람이 장악하려 한다면, 그것은 바오로의 신학에 어긋나는 직무의 절대화다.

적극적 관점에서: 각 개인은 누구나 바로 자기에게 주어진 카리스마에 따라 사도적 후계자의 지위에 있다. 여기에는 비단 여러 사목 봉사직에 참여하는 특별한 사도들의 후계자만 존재하는 것이 아니다. 또한 — 바오로의 서열에서 둘째 지위인 — 예언자들의 후계자도 있다. 이들을 통하여 성령께서 직접 말씀하게 되고, 이들이 특정한 상황에서 소명 의식과 책임 의식을 지니고 교회를 위하여 현재와 미래의 길을 밝힌다. 그리고 — 바오로에 의하면 셋째로 — 교사들의 후계자, 즉 신학자들도 있다. 이들은 본래의 메시지를 참되게 전승하고 바르게 해석하기 위하여, 당시의 메시지를 오늘날의 교회와 세계의 현실에 새로이 적용하기 위하여 끊임없이 노력하는 사람들이다.

사목 봉사와 공동체

안수에 의하여 목자들이 계승하는 사도직은 저절로 또는 기계적으로 이루어지는 것이 아니다. 그것은 사도 정신으로 활동하는 신앙을 전제로 하며, 또 그런 신앙을 촉구한다. 거기에는 과오와 오류의 가능성이 배제되어 있는 것이 아니며, 따라서 신앙인들 전체를 통한 시험이 필요하다.

소극적 관점에서: 인간의 인간성을 도외시하고, 따라서 거듭 새로

이 필요한 하느님의 은총도, 거듭 새로이 요구되는 신앙과 생활도 도외시하여, 오로지 교계적 직무를 기계적으로 계승하기만 한다면, 그런 고립적 계승은 어떤 경우에도 신약성서에 근거한다고 주장할 자격이 없다. 공동체의 권한, 즉 일반 사제직의 전권全權은 단순히 사목 봉사직에서 유도될 수가 없다. 이런 식으로 사목 봉사직을 일반 사제직과 유리시키고 그 직위 계승만을 절대화한다는 것은, 비성서적으로 공동체를 성직자 중심화하는 셈이다. 그러나 역으로 사목 봉사직의 권한도 단순히 공동체의 권한, 즉 일반 사제직에서 유도될 수 없다. 이런 식으로 사목 봉사직을 일반 사제직에로 평준화한다는 것은, 비성서적으로 공동체를 세속화하는 셈이다.

적극적 관점에서: 사목 봉사와 공동체(온갖 특별한 은혜와 봉사를 포함하여)를 연관시키는 **동시에** 구별하는 것이 중요하다. 일반 사제직을 뒷받침하는 환경에서 안수, 즉 서품敍品을 통해 **공동체에 공적으로 봉사**하도록 불리는 특별한 소명을 이해할 수 있다. 즉, 각 그리스도 신자의 일반적인 권한과, 공동체 자체의 공적 봉사를 위한 개인의 특별한 권한과의 구별을 이해할 수가 있다. 모든 그리스도 신자는 교회 내에서 그리고 세상에 대하여 말씀을 전파하고 신앙을 증거할 "선교"의 권한이 있다. 그러나 오직 부름을 받은 목자들(혹은 그들로부터 임무를 받은 사람들)만이 공동체의 모임에서 설교할 특별한 권한이 있다. 모든 그리스도 신자는 양심상 곤경에 처한 형제에게 사죄의 말을 할 권한이 있다. 그러나 오직 부름을 받은 목자들만이 공동체의 모임에서 공동체 자체에 대하여, 또 따라서 개인에 대하여 화해의 말씀을, 사죄경赦罪經을 사용할 특별한 권한이 있다. 모든 그리스도 신자는 세례와 성찬을 함께 거행할 권한이 있다. 그러나 오직 부름을 받은 목자들만이 공동체 내에서 공적으로 세례를 주고 공동체의 성찬식을 책임지고 주

도할 특별한 권한이 있다.

목자들의 사도적 계승은 교회와 세상을 위한 **상호 봉사**의 친교 안에서 이루어져야 한다. 사목 봉사직의 사도적 계승의 시작은 신약성서의 교회관에 의하면, 원칙적으로 **목자들과 공동체의 협력**을 통하여 — 가능한 여러 가지 방식으로 — 이루어져야 할 것이다.

소극적 관점에서: 순종과 복종을 일방적으로만 생각한다면 그것은 그릇된 교회 봉사관이다. 교회 봉사직이 공동체를 위하여 있는 것이지 공동체가 봉사직을 위하여 있는 것은 아니다. 절대주의적 교회 행정은 — 전체교회 차원에서든, 교구나 본당에서든 — 복음에 반한다.

적극적 관점에서: 사목 봉사직은 특별한 파견을 받아서 공동체 앞에 나선 것이므로 하나의 우선권을 가지고 있다. 이 권위로써 처음부터 목자는 목자임이 공동체 앞에서 증명된다. 공동체를 위한 공적 봉사의 권한이 주어져 있는 사람임이 합법화된다. 그러나 물론 이때문에 목자가 과업에, 복음에 충실하게 행동하는가를 공동체가 시험할 임무가 없어지는 것은 아니다. 목자에게 주어진 특별한 권한이야말로 그 권한을 날로 새로이 겸손하게 행사할 것을 요구하고 있다. 목자(주교나 장로)들이 상대적으로 독립성을 가지는 것은 매우 타당한 일이나, 그렇다 하더라도 교회 내 목자의 서임敍任은 원칙적으로 기존 목자들의 공동체와의 협력에 의하여 이루어져야 한다. 그리고 목자들의 서임을 논외로 하더라도 마찬가지다. 목자들에게는 공동체 지도에 있어서 하나의 독자적 책임이 주어져 있고 그것은 지도 봉사직의 행사에 필요한 것이나, 그렇다 하더라도 왕다운 사제단으로서의 공동체는 공동체의 모든 현안 문제에 대하여 발언권이 있어야 한다. 그 방법은 여러 가지가 있을 수 있다. 즉, 공동체가 직접 또는 대표 기관을 통하여 승인하는 방법이다. 이것이 교회 전통상으로 자주 인용되

고 있는 법언(法諺)의 의미다: "만인에 관한 것은 만인에 의하여 처리되어야 한다"Quod omnes tangit, ab omnibus tractari debet.

바오로 내지 이방계 그리스도교의 교회 조직에 근거하여, 목자들의 **사목 봉사와 사도 계승의 다른 길들**도 허용되어야 한다. 장로·감독 중심의 교회 조직은 사실상 교회 내에서 타당성을 가지고 시행된 것이므로, 오늘도 신약성서의 교회에서 존재했던 모든 가능성들이 원칙적으로 열려 있어야 한다.

소극적 관점에서: 특히 팔레스티나 전통에 의하여 규정된 제도적 직무 질서를 절대화해서는 안 된다. 오늘의 직무 조직은 근본적으로 세 가지 면에서 발전해 왔다:

❶ 예언자와 교사와 그 밖의 카리스마적 봉사자들에 대하여 주교 (내지 장로·감독)들이 주도적인, 마침내는 유일한 공동체 지도자로서의 지위를 확보했다.

❷ 한 공동체 내의 다수의 주교(내지 장로·감독)들에 대하여 단일 주교가 전권(專權)을 확보했다.

❸ 개별 공동체의 관리자로서의 주교들이 교구의 대표자가 되었다. 이 ― 개괄적인 약술에 불과한 ― 진전은 덮어놓고 부당한 것이라고 볼 수는 없다. 단순히 사실성이라는, 혹은 (카리스마의) 남용이라는 논법에 의하여 어떤 특정한 새로운 질서의 타당성을 반증할 수는 물론 없다. 오히려 원초의 양상과 그 이후의 양상, 즉 교회의 기초를 놓은 사도시대와 그 위에 교회를 세우고 확장한 사도 이후의 시대를 뚜렷이 구별하는 데서, 하나의 새로운 질서의 타당성이 나오는 것이다.

적극적 관점에서: 바오로의 교회 조직을 고찰해 보면, 특별한 봉사직의 임명(서품) 없는 카리스마적 공동체 질서가 있을 수 있음을 알 수가 있다. 예컨대 코린토 교회에는 감독도 장로도 어떤 형태의 서품

도 없었고, 사도를 제외하면 오로지 자유로이 나타나는 카리스마들만 있었다. 그런데도 바오로 이후의 코린토 교회는 말씀의 전파와 세례와 성찬식과 모든 봉사직을 충분히 갖춘, 하나의 완비된 공동체였다. 그러나 동시에 뚜렷이 드러나거니와, 바오로의 공동체들에서도 충분한 이유가 있어서 상당히 빨리 감독과 집사가 나타났고 바오로 **이후**에는 장로의 임명도 있었으며, 결국 장로·감독 중심의 교회 질서가 일반적으로 확립되었다. 어떻든 바오로의 교회 조직은 후대의 교회에서도 원칙적으로 배제되어서는 안 된다. 오늘날 이것이 정상적인 경우가 될 수는 없는 것이지만, 또한 그만큼 오늘날에도 이것은 선교의 예외적인 경우를 위하여, 그리고 특히 에큐메니즘을 위하여 매우 중대한 의의가 있을 수 있는 것이다.

여기서 오늘날 그 어느 때보다도 절실한 **질문들이** 흘러나온다: 교회는 오늘날 어디선가 ― 가령 강제 수용소에서, 탈출할 길이 없는 먼 유배지에서, 예외적인 선교 상황에서(예컨대 중공이 그런 경우였다. 또 일본의 그리스도 신자들도 세기에 걸쳐 서품받은 목자 없이 살아야 했었다) ― 바오로가 세운 코린토 교회 등에서 일어났던 현상, 즉 하느님 영의 자유를 통한 지도자적 카리스마 현상이 또다시 나타나는 것을 막아야 할까? 또 막을 수 있을까? 일반 사제직과 카리스마적 교회 구조를 전제할 때, 아직도 그처럼 배타적으로 안수의 연쇄連鎖에 의하여 이어오는 특별한 사도적 계승만을 ― 물론 이것이 정상적인 경우임은 긍정되어야 하지만 ― 사목 봉사직 수여 또는 특별 사도직 계승의 **유일한** 길로 보아도 좋을까? 안수의 연쇄란 이런 식으로 배타적으로 보지 않더라도 사목 봉사직의 사도적 계승을, 따라서 교회의 단일성과 보편성과 사도성을 훌륭하게 표징하는 것이 아닐까? 그러므로 이런 서품의 연쇄에 속해 있지 않는 교회들의 사도적 계승과 성찬식의 유효성도 달리 적극적으로 판단할 계기가 얼마든지 있는 것이 아닐까? 이런 식으로 또한 여성 서품 같은 문제나 성공회 서품 문제도 새로운 관점에서 설명될 수 있지 않을까? 도대체 달리 어떻게 가톨릭 교회 이외의 다른 교회의 남녀 목자와 신도들의 풍부한 영적 생활과 보람찬 활동을 공정하게 판단할 수가 있을까? 달리 어떻게 그리스도교의 분열을 극복하고 상호 승인에 이를 수가 있을까? 이런 문제들이 신학적으로, 특히 에큐메니즘이라는 관점에서 엄청나게 광범한 문제들임은 쉽사리 알 수 있는 일이다.

이상으로 우리는 극히 간단하게나마 교회와 각 직무의 봉사 구조를 다루어 온 셈이다. 다만 한 가지 가장 어려운 문제는 고스란히 남아 있다. 이것은 모든 그리스도교 분열의 밑바닥을 이루고 있는 문제다. 지금까지 우리가 교회와 각 직무의 봉사 구조에 관하여 말해 온 바에 대해서는 더러 그리스도 신자들의 견해가 일치할 수도 있을 것이다. 그러나 이 문제에 대해서만은 어떤 경우에도 분열이 있을 뿐이다: 교회는 모든 사목 봉사자들 이외에 또 교종이 필요한가? 교종직은 교회의 본질에 속하는가?

베드로의 권한

로마의 수위권이 교회의 단일성과 교회의 신앙과 서구 세계에 기여한 업적을 부인할 수 있는 사람은 아무도 없으리라. 민족 대이동 시대에 국가 질서가 전반적으로 와해되고 오랜 제국의 수도가 몰락했을 때, 이 베드로 대성당의 봉사만은 거의 유일하게 흔들리지 않는 반석임을 드러내는 것을 보고, 어린 서방 민족들은 얼마나 고맙게 여겼던가! 오직 레오만이 아틸라와 가이세리쿠스를 대항하여 서로마를 보존할 수 있었다. 로마 교좌는 신생 서구 민족들의 혼란과 격동의 시대에 처한 어린 교회들에게 헤아릴 수 없이 큰 봉사를 했다. 그것도 비단 귀중한 고대의 유산을 보존하는 문화적 봉사일 뿐 아니라, 이 교회들의 건설과 보존을 위한 진정한 사목 봉사였다! 이 시대는 물론 이후에도 가톨릭 교회는 교종직에 크게 힘입어, 간단히 국가에 넘어가지 않고 비잔틴 황제들의 정교政敎 합일주의나 게르만 영주들의 교권분리주의에 맞서서 교회의 자유를 보존할 수 있었다. 과연 그것은 교회의 단일성에 기여하는 봉사였다.

　이렇게 고대 후기에서 중세 중반기에 이르는 서방 교회의 단일성에 로마의 수위권이 기여한 업적을 결코 부인할 수 없다면, 한편 중앙 집권주의와 절대주의를 수단으로 수행된 단일교회의 확장이 갈수록 크게 그리스도교의 분열이라는 대가를 치르게 되었고, 이렇게 비대해 가는 절대체제로써는 이 분열을 보상할 가능성이 갈수록 적어졌다는 답답한 사실도 회피할 수 없으리라. 수많은 이들이 요구한 대로 적절한 시기에 교회의 기원을 회고하여 숙고함으로써 사전에 분열을 피하지 못했다는 것 또한 얼마나 유감스런 일인가! 트리엔트 공의회 이후의 교회조차, 반종교개혁 시대의 교종들조차, 바로 이 점을 매우 제한된 정도로밖에는 깨닫지 못하고 말았다. 권력의 아성은 무너지지 않았고 오히려 온갖 수단으로 확장되었다. 물론 로마의 성곽 안에서도 강력한 반발이 있었던 것은 사실이다. 또 자주 지나치게 정치적인 형태로나마, 교회 구조에 관한 고래古來의 이상들이 계속해서 — 교황전 행사의 제한을 주장한 후기 갈리아주의자Gallican와 에피스코팔리스트episcopalist와 페브로니안Febronian들에게, 그리고 마침내 가톨릭 튀빙겐Tingen 학파, 특히 묄러에게 — 영향을 준 것도 사실이다. 그러나 — 비록 근대에도 교종직은 가톨릭 교회의 일치와 자유에 공헌했고, 특히 절대주의 국가에 대항하는 존재로서는 고도로 중요한 의의를 보존하고 있었지만 — 성곽은 더욱 굳어지기만 했다.

중세 이래로 그리고 온 근대에 걸쳐, 공식적인 가톨릭 교회론은 호교와 반발의 교회론이었다: 초기 갈리아주의와 프랑스 어용법학자들에게는 교계적 권력 특히 교종권의 신학과 조직된 왕국으로서의 교회관으로 대항했고, 공의회 우위론에는 교종 수위권의 재강조로 맞섰으며, 위클리프Wyclif와 후스Huss의 영성운동에는 그리스도교 메시지의 교회적·사회적 성격의 옹호로 응수했고, 종교 개혁자들에게는 성사의 객관적 의의와 교계적 권력과 직무 사제직·주교직·교종 수위권의 중요성으로 반박했으며, 갈리아주의와 결합된 얀세니즘 Jansenism에는 교종 교도직의 강조로 대처했고, 18~19세기의 절대국가론과 평신도주의에는 모든 권력과 수단을 갖춘 "완전한 사회"로서의 교회로 대결했다. 이 모든 것들의 직접적인 결과로 마침내 반갈리아주의와 반자유주의의 기치 아래 **제1차 바티칸 공의회**가 열리고 교종 수위권과 교종 무류성이 정의定義되었다.

1차 바티칸 공의회에서 교종의 수위권과 무류성이 정의되지 않았더라면 2차 바티칸 공의회에서 정의되었을까? 요한 23세는 비오 9세가 아니었다. 2차 바티칸 공의회도 1차 바티칸 공의회와는 달리 애당초 새로운 교의를 원하지 않고, 요한 23세가 말했듯이 옛 진리의 재정의가 현대 세계 내 교회의 신앙 전파에 도움이 될 수는 없다는 것을 분명히했다. 결국 2차 바티칸 공의회의 특징은 친교·상통·유대·연대·봉사의 생생한 자각으로 나타났다. 이 자각은, 정치적 절대주의와 낭만적 전통주의와 시대적 복고운동이라는 정치·문화·종교계의 영향을 받은 — 이해할 만한 — 1차 바티칸 공의회의 다수자多數者적 기본 정신 자세와는 대조적이다.

가톨릭의 견해와 개신교의 이의

두 차례의 바티칸 공의회에 비추어 소극적 면과 적극적인 면들을 밝힘으로써 다른 그리스도 신자들에게 교종 수위권을 설득시킬 수가 있다고 생각할 만큼 순진한 가톨릭 신학자는 없다. 왜? 수위권 행사의 양상과 그 사실상의 한계가 아니라 수위권의 **존재** 자체가 문제이기 때문이다! 바로 여기서부터 참으로 어려운 문제가 시작된다. 그리고 여기서 짧은 한 단원으로 모든 것을 설명할 수 있다고 생각한다면, 그것은 이 — 특히 주석학적 및 역사학적으로 — 어려운 문제를 터무니없이 과소평가하는 것이라 할 수밖에 없다. 불가능한 일을 기대하지 마시라. 1차 바티칸 공의회 이래로 수위권 하나를 두고 찬반 양론의 서적들이 우후죽순처럼 무수히 나왔다. 여기서 우리가 할 수 있는 일은 이 어려운 문제를 완전히 해결하는 것이 아니라, 더 나은 상호 이해라는 관점에서 주어진 문제점들을 밝히는 것뿐이다. 아마도 앞으로의 상호 이해의 진전에는 이론적인 논술보다는 교회의 역사적 발전이 더 큰 도움이 될 수 있을 것이다. 모든 문제점들은 세 가지 문제를 중심으로 나타난다. 그리고 여기서 나중 문제는 앞선 문제의 해결을 전제로 한다:

(가) 베드로의 수위권을 인정할 근거가 있는가?
(나) 베드로의 수위권은 계속 존속해야 하는가?
(다) 로마 주교가 베드로 수위권의 후계자인가?

여기서 우리가 할 수 있는 일은 1차 바티칸 공의회를 통한 가톨릭의 대답과 개신교의 난점들을 간단히 요약하는 것이다. 그리고 솔직하게 터놓고 말함으로써 가톨릭과 에큐메니즘에 어떤 기여가 될 수 있으리라고 생각한다. 여기서도 우리의 의도는 — 이 의도가 그대로 드러나게 되기를 바라거니와 — 비판을 거치되 건설적인 견해에 이르자는 것이다.

(가) 베드로의 수위권의 존재:

1차 바티칸 공의회(D 1822~3)는 신약성서를 역사적이 아니라 교의적으로 해석하여, 두 가지 점에서 베드로의 관할권적 수위성의 근거로 주장하고 있다. 그 하나는 베드로에게만 수위권의 **약속**이 주어졌다는 주장이다: "당신은 케파라고 불릴 것입니다"(요한 1,42). "그대는 베드로(바위)입니다. 나는 이 반석 위에 내 교회를 세울 터인데 저승의 성문들도 그것을 내리누르지 못할 것입니다. 나는 그대에게 하늘나라의 열쇠를 주겠습니다. 그러니 그대가 땅에서 매는 것은 하늘에서도 매여 있을 것이요, 그대가 땅에서 푸는 것은 하늘에서도 풀려 있을 것입니다"(마태 16,18-19).

또 한편 공의회는 부활하신 예수가 베드로에게만 온 교회에 대한 최고 목자요 지도자로서의 관할권을 **수여**했다고 주장하고 있다: "내 어린 양들을 먹여 기르시오.…내 양들을 먹여 기르시오"(요한 21,15-17).

역사학적 관점에서는, 오늘날 적어도 다음과 같은 점이 널리 성서 해석학자들에 의하여 인정되고 있다고 할 수 있다: 베드로는 그가 부활의 최초 목격자였다(1코린 15,5; 루카 24,34)는 사실에 의하여 확실히 열두 제자 중에서도 특별히 뚜렷한 존재였다. 그는 최초의 부활 증인이라는 점에서 교회의 반석이라고 볼 수가 있다. 계속해서 베드로는 예루살렘 공동체 내에서 영도자였다. 즉, 사도회의 때까지 적어도 사실상 최초의 공동체와 흩어진 그리스도 신자들diaspora을 지도했다. 이것은 베드로와 바오로 사이에 이루어진 유대인과 이방인 선교의 분담에 관한 공식 합의가 확인되어 있는 갈라티아서 2,7-8에 의하여 증명된다. 이미 복음서에서도 루카는 마르코와 마태오에 비하여, 벳사이다에서 나고 카파르나움에서 결혼한 어부 시몬을 참으로 인간다운 모습으로 이상화하려 하고, 사도행전 1-2장에도 이상화 경향이 드러나지만, 그런 점에서도 베드로가 최초의 선교 활동에 있어서 신생 공동체의 실력자였다는 것만은 확실히 인정될 수가 있다. 그리고 베드로의 신학을 해석함에 있어서도 그 역사적 근거 자료를 마르코 복음이나 — 파피아스Papias의 기록에 의하면 마르코가 베드로의 통역이라고 했으나 신빙성이 없다 — 베드로의 이름으로 나온 편지들에서 찾기는 어렵고 바오로의 편지들과 사도행전을 참작할 수밖에 없지만, 그런 점에서도 그만큼 더, 베드로가 유대인 그리스도 신자들의 대표자였으며 바오로의 이방인 선교와 우호 관계를 맺고 있었다는 것은 확실하다. 또 열두 제자 중에서는 유일하게 베드로에 대해서만 예루살렘 밖에서도 선교 활동을 했다는 것이 확인되어 있다. 그가 안티오키아에 체류했다는 것은 갈라티아 2,11-12(사도 15,7 참조)에 증언되어 있고, 코린토에도 머물렀을 가능성이 있다(1코린 1,12 참조). 확인된 여정과 정확한 연대는 물론 없다. 이 모든 것은, 자료를 근거로 해서 초대 교회의 베드로의 지위에 관하여 인정해야 할 최소한의 내용이라고 할 수가 있다.

신약성서에 나오는 베드로의 지위에 관한 상당히 적극적인 표현들이 지니고 있는 **문제점**은 다음과 같은 부인할 수 없는 의문에서 나오는 것이다: 부활 이전 예수의 생애에서 나타나는 베드로의 지위에 관한 말들은 예수 부활 이후의 베드로의 중요성을 얼마나 반영한다고 할 수가 있는가? 거의 이론의 여지가 없다고 해야 하겠거니와 — 또 부활 후의 발현이 최초로 베드로에게 있었다는 것도 이와 관련되어 있다고 해야 하겠거니와 —, 베드로는 특별히 신임을 받은 제자였고(마르 5,37; 9,2; 14,33 참조) 실로 제자들의 대변자였으며(마르 8,29; 9,5; 10,28; 11,21 참조) 그래서 또한 그의 이름은 열두 제자 명단의 첫머리에 나타난다(마르 3,16; 마태 10,2; 루카 6,14; 사도 1,13 참조). 그러나 특히 세 가지 문제가 여전히 활발한 논쟁의 대상이 되고 있다:

❶ 시몬이라는 본래의 이름(마르 1,16 참조)에 붙여진 존칭이었다가 별명이 되고 결국은 본명이 된 '케파'(= 아람어로 반석 = 베드로)라는 이름은 역사상 예수 자신이 (미래에 대한 약속으로서) 준 것이냐, **아니면** 초대교회가 붙인 것 — 즉, 사후예언 vaticinium ex eventu — 이냐?

❷ 아람 말이 사용된 특징으로 보아 팔레스티나에서 유래했을 가능성이 매우 큰, 마태오 16,18-19의 말씀이 — 특기할 만한 사실로서 공관 복음서에 병행구竝行句가 없을 뿐 아니라, 카이사리아 필리피와의 관계도 실상 사실史實과는 다를 가능성이 있다 — 과연 예수의 말씀이냐, **아니면** 명칭 부여의 설화를 부연하고 부활 계시의 역사를 변형함으로써 공동체 내 시몬의 지위에 권위를 부여하기 위하여 초대 공동체의 말씀을 예수의 말씀으로 삼은 것이냐? 이 문제에 대한 대답은 예수의 종말론적 설교와 교회 설립 가능성과의 관계를 어떻게 규정하느냐에 크게 의존한다.

❸ 마태오 16,18-19의 말씀에 의하여 과연 베드로에게 전체교회를 영도할 법적 전권(관할권)이 부여되느냐, **아니면** 그저 일반적으로 역사상의 명예직이 부여될 뿐이고, 따라서 베드로는 부활의 첫 증인이요 부활신앙의 첫 고백자이며 열두 제자의 대변자요 대표자로서 나

아가 그들의 지도자라고도 할 수는 있겠으나, 근본적으로는 열두 제자가 모두 동등한 지위에 있는 것이냐? 후자의 경우에 "반석"이란 신앙인·고백인으로서의, 나아가 사도로서의 베드로를 의미할 수도 있다. "열쇠"란 가르치거나 지도하는, 둘 다의 권위를 주로 의미할 수도 있다. 끝으로 "맺고 푼다"는 것은 훈도권訓導權 또는 파문권破門權을 뜻할 수도 있고, 하느님 나라와 죄에 대한 권한을 뜻할 수도 있으며, 혹은 일반적으로 법적 권한을 뜻할 수도 있다. 그리고 요한 21,15-17도 마태오 16,18-19에 준해서 판단할 수가 있다.

(나) 베드로 수위권의 **존속**:

1차 바티칸 공의회(D 1824~5)는 베드로의 수위권에서 이 수위권의 계속적 존속을 연역하고 있다. 영원한 구원과 영속적인 교회의 선익을 위하여 설정된 것이므로 그리스도의 지시에 의해서도 필연적으로 존속할 수밖에 없다는 것이다. 이에 대해서는 성서의 인용은 없으나 분명히 선언하고 있다: "그러므로 복된 사도 베드로가 … 전체 교회의 가시적인 수장이 아니라고 말하거나… 명예 수위권만 받았을 뿐 … 재치 수위권을 직접적으로 그리고 중재없이 받은 것은 아니라고 말하는 자는 파문될 것이다."

역사학적 관점에서는, 안티오키아 사건(사도 15,7; 갈라 2,11-12 참조) 이후로는 베드로에 관하여 더 이상 언급이 없다는 사실이 중요하다. 야고보의 순교와는 대조적으로 베드로의 죽음에 대해서는 신약성서에서 아무 말도 없다. 마태오 16,18-19도 요한 21,15-17도 루카 22,32도, 베드로의 후계자에 대해서는 직접 이야기하는 바 없다. 그러나 한편 베드로가 죽은 뒤에 쓰여진 이 기록들은 베드로의 특별한 지위에 대한 계속적인 관심을 보여 주고 있다. 그것은 단순한 일화적인 관심이 아니다. 예컨대 야고보에게는 보여 주지 아니한 관심이다.

이와 관련된 **문제점**은 두 가지 의문으로 나타난다:

❶ 베드로가 떠난 다음에 분명히 예루살렘 공동체의 정상頂上에 있던 야고보는, 단순히 예루살렘 지방 공동체의 지도자에 그치고 전체교회 지도자로서의 베드로에게 복종하고 있었던가, **아니면** 전체교회의 지도자(과연 그러했을 경우)로서도 주님의 형제인 야고보가 베드로를 대신했는가? 후자의 추론 근거로는 사도행전의 후반부(12,17 이하)와, 갈라티아 2,12와, 그리고 외경外經 자료 — 위僞 클레멘스(Rec. I, 17; Hom. I, 20; 베드로의 편지1); 토마 복음(Logion 12) — 가 있다.

❷ 베드로에 관한 성서 기록이 말하고자 하는 것은 교회 기초의 일회적인 **제정**이냐, **아니면** 계속적인 **기능**이냐? 즉, "반석"이란 공동체의 연대사적 시초냐, **아니면** 공동체의 일회적 기본 요소냐, **또 아니면** 계속적으로 확립되어 가는 교회의 기초냐? 그리고 "열쇠" 또는 주님을 대리하는 "목자"란 후세의 교회 영도의 원형이냐, 아니면 계승되어 나갈 영도권이냐?

(다) 로마 주교에게 존속하는 베드로 수위권:

1차 바티칸 공의회(D 1824~5)는 베드로 수위권의 영속적 존속이 로마 주교들에 의해 실현된다고 보고 있다: "베드로좌를 계승하는 자는 누구든지 그리스도 자신의 제정에 따라 보편교회에 대한 베드로의 수위권을 향유한다 … 교황은 이같은 수위권에 있어서 복된 베드로의 후계자가 아니라고 말하는 자는 파문될 것이다." 이 주장에는 리옹의 이레네우스(+200년경)의 증언이 인용되어 있다. 그에 의하면 "모든 교회 즉 온 세계에 있는 모든 신도들은 이 로마 교회가 지니고 있는 강력한 수위권 때문에 이 교회와 일치해야 한다." 이 밖에 암브로시우스의 암시를 제외하면 5세기의 두 증언이 인용될 뿐이다. 그리고 둘 다 로마 측에서 나온 것으로서, 에페소 공의회(431년)의 로마 대사와 레오 교종의 말이다.

역사학적 관점에서는, 늦게 잡아도 레오 1세 때에 교회 운영의 수위권에 대한 로마의 주장이 — 언제나 바로 동방에서 그것을 인정해야 했던 당시의 상황은 어떻든간에 — 확립되고 명시되었다는 것을 부인할 수 없다. 그뿐 아니라 사도 베드로가 로마에 머물렀고 거기서 순교했다는 것도 최근 가톨릭·비가톨릭을 막론하고 갈수록 많은 사학자들이 시인하고 있다. 이것은 물론 바티칸 성당 아래의 베드로의 무덤이 고고학적으로 증명되었기 때문은 아니다. 이 점에 대해서는 가톨릭의 유능한 전문가들도 매우 회의적이다. 그러나 문헌상의 증언들은 매우 인상적이다. 로마의 클레멘스가 『코린토 신자들에게 보낸 첫째 편지의 편지』(1,5-6)를 보면 베드로와 바오로(!)가 네로 시대에 로마에서 순교했을 개연성이 극히 크다는 것을 인정하지 않을 수 없다(1베드로 5,13의 "바빌론"이란 바로 로마가 아닐까?). 이 1세기 말 로마인의 증언은 2세기 초 안티오키아의 이그나티우스가 『로마 신자들에게 보낸 편지』(4,3)에서도 다시 확인된다. 95년경부터 분명하고도 이의 없이, 그리고 처음에는 아무런 교회 정책적인 의향도 없이 고수되어 온 이 전통의 신빙성을 부인하기란 극히 어려운 일이라 할 것이다.

따라서 **문제점**은 베드로가 로마에 체재한 것을 증명함에 있는 것이 아니다. 더구나 베드로가 로마에서 죽었다는 것이 로마의 수위권을 정당화하는 데에 반드시 필요한 것도 아니다. 그보다 우리가 그저 선입견 없이 인정해야 할 것은, (여기서 우리가 전제하고 있는) 베드로의 수위권을 하나의 군주적인 로마 주교가 계승했다는 것을, 혹은 하나의

합법적인, 어떤 형태로든 유권적인 계승이 있었다는 것을 확인하기가 어렵다는 사실이다. 베드로 자신이 (혹은 바오로가) 처음부터 로마 공동체의 창설자로서 뚜렷이 드러나느냐 어떠냐는 이 문제와는 아무 상관도 없다.

그러나 어떻든 로마 공동체의 초기 역사에 관한 문제는, 이 문제에 관하여 광범한 논의가 있어 왔는데도 불구하고 여전히 어려운 문제로 남아 있다. 여전히 해결이 기다려지고 있는 문제이며, 여기서 우리도 앞으로의 계속적인 논의를 전제로 해야 할 수밖에 없다. 이것은 비단 우리가 베드로의 활동이 로마에서 어떤 형태로 이루어졌는가를 알지 못하고, 도대체 베드로가 로마 공동체를 영도하기는 했는가조차도 — 바오로의 경우도 그렇지만 베드로의 경우에 이 점을 당연한 사실로 전제해서는 안 된다 — 알 수가 없기 때문만이 아니다. 베드로가 로마에서 머물고 죽었다는 것을 증언하고 있는, 가장 오래되고 가장 귀중한 증언, 바로 그것이 동시에 하나의 전권적 계승자에 대하여 가장 어렵고 가장 중대한 의문을 야기하고 있는 것이다. 로마 공동체가 코린토 공동체에 보낸 편지에는 — 에우세비우스가 전하는 바, 170년경의 코린토인인 디오니시우스의 말에 의하면 클레멘스가 그 저자라고 하나 — 어느 곳에도 한 개인 저자가 등장하지 않는다. 어떻든 이 클레멘스의 첫째 편지야말로 전권적 주교직에 대하여 — 코린토의 경우든 로마의 경우든 — 말하고 있는 바가 전혀 없다. 따라서 베드로의 후계자가 어떻게 해서 하나의 전권적인 주교가 될 수가 있었느냐 하는 것은 증명하기 어려운 문제이다. 실로 야릇한 일이거니와, 이미 지적한 바 있는 이그나티우스 자신도, 소아시아의 공동체들에게 보낸 그의 편지들에서는 이미 전권적인 주교들에 관하여 상당히 강조하고 있으면서도,『로마 신자들에게 보낸 편지』에서는 주교에 대한 말이 전혀 없다. 로마에서 하나의 전권적인 주교가 언제 처음으로 감독들과 장로들이라는 껍질을 벗고 등장하게 되었는지는 확인할 수가 없다. 베드로의 후계자들에 관한 상세한 기록들 — 예컨대 이레네우스에 의한 최고最古의 로마 주교 명단에 의하면, 베드로가 아닌 리누스Linus가 초대 로마 주교로서, 베드로와 바오로에게서 주교직을 받은 것으로 되어 있다 — 은 2세기에 재구성된 것들이다. 경우에 따라서는 로마 명사名士들의 이름이 이용되었을 가능성도 있다. 로마 교회와 그 주교들에 관하여 우리가 알고 있는 것은 3세기 중엽 이전까지에 대해서는 매우 단편적일 뿐이다. 로마 주교에 대한 최초의 정확한 연대사적 기록은 235년 9월 28일의 폰티아누스Pontianus의 사임辭任이다.

비록 오래되고 크고 유복한 세계 수도(로마)의 공동체가 처음부터 대단한 자부심을 가지고 있었다는 것도 이해할 만한 일이고(1클레멘스의 『코린토 신자들에게 보낸 첫째 편지』), 대단한 존경을 받았다는 것도 — 이미 로마서 1,8에도 나오듯이 — 당연한 일이며, 또 이것이 궁극적으로 베드로와 바오로의 활동(이그나티우스의 『로마 신자들에게 보낸 편지』 4,3)이나 공동체의 활발한 자선사업(이그나티우스의 『로마 신자들에게 보낸 편지』 서문) 때문은 아니었다 하더라도, 로마의 수위권에 관한 주장은 공동체에 관해서나 한 개인에 관해서나 오래도록 나타나지 않았다. 물론 영지주의와 싸우는 동안에 사도적 전통과 사도적 주교좌의 의의가 점차로 증대되면서, 두 사도, 그것도 최대의 두 사도를 내세울 수 있는 로마 공동체의 의의가 그야말로 증대되었을 것은 틀림없다. 그러나 1차 바티칸 공의회에서 인용된 이레네우스의 증언도(Adv. Haer. III, 3,1-2) 다른 교회들이 로마 교회와 일치할 **법적** 의무가 있다는 것을 말하는 것은 아니다. 여기서 로마 교회는 (로마 주교에 대해서는 아무 말조차 없고) 법적 수위권의 보유자로서 나타나는 것이 아니라, 그 이중 계승에 의하여

— 이레네우스도 베드로와 바오로를 말하고 있다! — 가장 탁월한 전통의 수호자로서 나타난다. 즉, **로마 교회**의 신앙이 확인됨으로써 또한 다른 모든 교회들의 신앙도 확인되는 것이다.

로마 공동체의 명성 — 수많은 편지가 왕래하고 각지의 주교·신학자·이방인들이 로마를 방문한 것으로 잘 드러나듯이 — 에 힘입어, 2세기 말경에 빅토리우스는 부활절 논쟁에서 소아시아에 대항하여 자기 주장을 내세울 수가 있었고, 더욱 뚜렷이 스테파누스 1세는 세례 논쟁에서 아프리카 사람들을 대항할 수가 있었다. 그러나 둘 다 전체교회 내에서 맹렬한 반대에 봉착했다. 그것도 바로 당시의 가장 중요한 교회 인사들이, 즉 빅토리우스에 대해서는 이레네우스와 에페소의 폴리크라테스가, 스테파누스에 대해서는 키프리아누스와 피르밀리아누스가 반대하고 나섰다. 그러나 어떻든 이런 식으로 로마 주교들의 주장은 크게 강화되었다. 비록 멀리 20세기에 이르기까지 언제나 현실보다는 주장과 이론이 앞서기는 했지만.

이와 같은 발전에서 한 가지 주목하지 않을 수 없는 놀라운 사실이 있으니, 그것은 마태오 16,18-19의 구절 전부가 등장한 일은 처음 몇 세기간의 온 그리스도교 문헌을 통틀어 단 한 번도 — 클레멘스의 첫째 편지에도! — 없다는 것이다. 2세기에 테르툴리아누스가 처음으로 이곳을 인용한 일이 있으나 로마를 위한 것은 아니고 베드로를 위한 것이었다. 3세기 중엽에야 한 로마 주교가 — 바로 스테파누스 1세가 — 더 훌륭한 전통이라고 하여 베드로의 우위성을 주장했다. 그리고 4세기부터 비로소 마태오 16,18-19가 수위권 주장의 근거로 사용된다(밀레비스의 옵타투스, 히에로니무스, 다마수스, 레오 1세). 동방의 성서 해석은 더욱 부정적인 상황이다. 8세기에 들어서기까지, 그리고 물론 그 후에도 계속해서, 마태오 16,18을 베드로 개인의 수위권과 관련시켜 생각하는 것 같다. 혹은 그저 ― 일부 서방 전통에서도 그렇듯이 ― 그리스도나 신앙과 관련시키는 것 같다. 마태오 16,19는 이의없이 죄를 사함과 관련시키고 있다. 이 사죄권赦罪權은 물론 베드로에게만 있는 것은 아니기 때문이다(마태 18,19 참조). 마태오 복음서 구절을 진정으로 로마와 관련해서 보는 사람은 아무도 없는 것 같다.

여기서 우리는 이 모든 난제들이 재론이나 적어도 부분적인 해결의 가능성이 없다는 인상을 주자는 것은 아니다. 그러나 일단 사실史實의 문제인 이 모든 어려운 문제들을 역사상으로 근거가 없는 교의적 요청에 도피하지 않고 풀어 나가자면, 지금까지의 막대한 문헌이 엄존하는 이상 여간 큰 수고가 필요한 것이 아니다. 그리고 여기서 논증의 난이도難易度도 뚜렷한 차이가 있다. 즉, 전체적으로 교종 수위권론에 있어서는 먼저 "베드로성"Petrinitas이 증명되어야 "영속성"Perpetuitas이, 또 영속성이 증명되어야 "로마성"Romanitas이 증명될 수 있다.

어떤 입장을 취하든, 가톨릭의 논증이 결코 설득력이 없다고 생각하는 정교회나 개신교의 신학자도 한 가지만은 부인할 수 없을 것이다. 즉, 교회 내 한 개인의 봉사 수위권이 성서에 반하는 것은 아니다. 그 타당성의 근거야 어디에 있든 그런 봉사 수위권이 성서에 의하여 배제될 근거는 없다. 처음부터 **비성서적**인 것은 **아니다**. 그렇다, 아마도 정교회나 개신교 신학자들도 시인是認할 수 있을 것이다 ― 그런 봉사 수위권이 성서에 기초를 두고 행사·수행·처리되는 한 **성서적**일 수 있다고. 이것은 젊은 루터에서 멜랑히톤을 거쳐 칼뱅에 이르기까지 대개의 종교 개혁자들이 시인한 바이거니와, 오늘의 정교회와 개신교의 많은 신학자들도 시인할 것이다.

베드로의 봉사

사목 봉사의 특별한 사도적 계승에 관하여 일반적으로 말한 바는 베드로 봉사직의 사도적 계승에도 적용된다. 즉, 결정적으로 중요한 것은 단순히 계승의 연쇄를 증명하는 사실史實의 면 — 이것도 매우 가치있는 것일 수는 있지만 — 이 아니라, 영靈의 계승이다. 베드로의 사명과 임무의 계승이요 베드로의 증언과 봉사의 계승이다. 그 누가 자신의 선임자를 따져 올라가서 결국 베드로의 후계자임을 이론의 여지 없이 증명할 수 있다 한들, 더 나아가 선임자들의 선임자들이 베드로 자신에 의하여 모든 권리·의무와 함께 그의 후계자로 "임명"되었음을 증명할 수 있다 한들, 그가 만일 이 베드로의 사명을 전혀 따르지 않는다면, 베드로의 임무를 수행하지 않는다면, 베드로의 증언과 봉사를 실천하지 않는다면 — 대체 "사도적 계승"이라는 것이 그에게 무슨 소용이며 교회에 무슨 소용인가! 역으로, 그 누가 자신이 사도들의 후계자임을 적어도 초기에 관한 한 증명하기가 결코 쉬운 일이 아니라 하더라도, 2천 년 전의 "임명"에 관한 문서는 단 한 장도 없다 하더라도, 그가 만일 성서에 나타나는 베드로의 사명에 따라 산다면, 과업과 임무를 수행하여 교회에 봉사한다면 — 교회의 진정한 봉사자인 그가 "정통"의 후계자냐 아니냐 하는 것은 (역시 중요하다고는 하더라도) 결국 이차적인 문제가 아닌가! 혹시 안수를 통하여 부르심을 받지는 못했을지 몰라도 카리스마가, 영도적 카리스마가 있다면 이로써 근본적으로 족한 것이 아닌가!

따라서 우리가 말하고 싶은 것은 이것이다: 결정적으로 중요한 것은 "권리"나 "권한"이나 "계승의 연쇄" 자체가 아니라, 수행·행사·실천이요 현실의 봉사다. 요한 23세가 교회와 그리스도교와 세계를 위하여 에큐메니즘의 대사업을 시작했을 때, 그 일이 계승의 연쇄와 부합하는가, 그 직무의 합법성이 역사상으로 증명될 수 있는가 하는 것이 인류의 관심사가 되지는 않았다. 오히려 인류는 기쁘고 미뻤다: 이제야 한 사람이 나타나 — 온갖 인간적인 약점에도 불구하고 — 바야흐로 그리스도교에 새로운 안정과 단합을 이룰 수 있는 우리 시대의 진정한 반석으로서 구실을 하는구나!(마태 16,18 참조) 이제야 한 사람이 나타나 굳은 신앙으로 형제들에게 힘과 용기를 줄 수 있구나(루카 22,32 참조)! 이제야 한 사람이 나타나 주님처럼 사심없는 사랑으로 양떼를 치려 하는구나!(요한 21,15-17 참조) 그래서 인류가 다 가톨릭이 된 것은 아니다. 그러나 인류는 이 행동과 이 정신이 그리스도의 복음을 배경으로 하며 어디까지나 복음에 의하여 정당한 것임을 절로 느꼈다. 그리고 이런 합법성이야말로 베드로의 봉사직에서 다른 무엇보다도 고귀한 것이다.

그렇다고 해서 주석학적·역사학적 문제의 논의를 무용지물이라고 해서는 안 된다. 다만 바른 관점에서 바르게 보아야 한다. 가톨릭의 견지에서야말로 교회의 단일성을 보존·강화하는 반석과 목자의 기능을 하는 것이라야 할 베드로의 봉사가, 그리스도교 교회들의 상호 이해의 길에 방해가 될 만큼 거대한 — 일견 움직이지도 넘어가지도 돌아가지도 못할 — 바위가 되어 버렸다는 것, 이것은 아무래도 부조리한 현실이다. 바로 베드로의 봉사의 가치를 확신하고 있는 사람들에게야말로 용납되기 어려운 현실이다. 어쩌다가 이 지경이 되었는가? 단순히 인식 부족이나 이해 결핍이나 혹은 베드로의 봉사를 반대하는 사람들의 사악한 고집 때문만인가? 오늘날 감히 이런 주장을 할 사람은 아무도 없을 것이다. 교회 분열의 탓을 결코 어느 한쪽에만 돌려서는 안되겠지만, 그러나 이 질문만은 피할 수 없을 것이다: 베드로의 봉사가 사실상 그 기능에 역행하게 된 까닭은 또한 특별히 이 베드로의 **봉사**가 — 사실 한 개인이나 소수의 악의 때문이 아니라 매우 복잡한 역사상의 요인에 의하여 — 갈수록 베드로의 **권력**으로 나타나게 되었기 때문이 아닐까? 이미 지적했거니와 교종직은 오랜 과정을 거쳐 하나의 속권俗權이 된 것이다.

그러나 — 역시 이미 시사했듯이 — 달리 되었을 수도 있다! 교회 내에 존속하는 베드로 봉사의 신적 또는 인간적 권한을 부여하는 근거가 무엇이냐에 대하여 주석학적 및 역사학적으로 어떤 견해를 취하든간에, — 콘스탄티누스 이전 시대에는 얼마든지 생각해 볼 수 있는 일이었듯이 — 사실상 탁월한 봉사의 은혜와 기회를 부여받은 로마 공동체와 그 주교는 진정한 의미의 봉사적 수위권을 가지고 내적 책임 의식과 영적 지도 정신과 실질적 사목 활동에 의하여 전체교회의 선익에 진력했을 수도 있다. 그리하여 교회 일반의 분쟁을 실질적으로 중재할 수 있는 최고 상소심上訴審으로서의 능력을 갖추었을 수도 있다. 그것은 교회의 주님 앞에 책임을 지고 만인에게 겸손한 형제애를 보여주는, 몰아적 봉사의 수위권이다. 로마 제국주의 정신의 수위권이 아니라, 복음 정신의 수위권이다!

그리스도 교회의 잃어버린 단일성과 가톨릭 교회 내부의 누적된 경직성을 고려할 때, 다음 문제가 강력히 제기된다: 이 지배적 수위권으로부터 고래의 **봉사적 수위권에로 돌아갈** — 따라서 앞으로 나아갈! — 길이 있는가? 역사상의 경험이 보여주거니와, 교종권의 전성기 뒤에는 으레 외적 굴욕과 권력 제한의 시기가 따랐다. 그러나 자발적인 권력 포기도 있을 수 있다. 정책적으로는, 또 교회 정책적으로도, 현명하지 못해 보이는 것이 교회에는 필요한 것일 수도 있다! 놀랍고도 큰 희망의 징조가 되는 사실로서, 실지로도 이런 일은 일어난다. 그렇지 않다면 — 하드리아누스 6세나 마르켈루스 2세와 같은, 시대가 불운하고 수명이 짧아서 역사를 창조하지는 못하고 만 예는 그만두고라도 — 일련의 위풍당당한 교종들 다음의 그레고리우스 대교종도, 또 요한 23세도, 1차 바티칸 공의회 후의 2차 바티칸 공의회도 있을 수 없었을 것이다.

권력의 포기 없이는 갈라진 그리스도 교회들의 재일치도, 복음에 따른 가톨릭 교회의 근본적 쇄신도 불가능하다. 권력의 포기는 결코 자연스런 일과는 거리가 멀다. 하나의 인간, 하나의 권위, 하나의 제도가 무엇 때문에 자신이 가진 것을 내어놓겠는가. 그것도 뚜렷한 대가도 없이 내어놓겠는가. 권력의 포기는 사실상 예수의 메시지와 산상수훈에 대하여 무엇인가를 깨달은 사람에게만 가능하다. 즉, "땅을 상속받게 **될**" "온유한 사람들"과 "평화를 이룩하는 사람들"이 복된 사람들임을 깨달은 사람(마태 5,5.9 참조), 그래서 저고리를 달라면 외투까지 주고 오 리를 가자면 십 리라도 함께 가주는 사람(마태 5,40-41 참조), 자기가 남에게서 바라는 그대로 남에게도 해주려는 사람(마태 7,12 참조), 그런 사람이 권력을 포기하는 사람이다.

사람들이 그리는 베드로의 모습을 베드로 자신이 본다면 알아볼까? 비단 그가 사도들 중의 왕자이기는커녕 일생 끝까지 비천한 어부였기 때문만은 아니다. 또 바야흐로 주님을 따라 섬기려고 나선 한 사람의 어부였기 때문만도 아니다. 그보다 더욱, 복음서들이 한결같이 전해 주듯이 그는 또 하나의 다른, 오해와 과오와 실패를 거듭하는 면도 있는 사람이었기 때문이다. 거의 스캔들이 될 정도로, 베드로의 우위성을 증명하는 데에 전형적으로 사용되는 세 구절 모두가 제각기 유난히 뚜렷하게 대립되는 구절들과 동시에 나타나고 있다. 그리고 그 어둡고 모진 분위기는 밝은 분위기를 거의 압도할 정도다. 적어도 두 가지 분위기가 같은 비중을 차지하고 있다. 즉, 세 가지의 고귀한 약속에 세 가지의 중대한 과오가 병행하고 있다. 약속을 근거로 자기 권리를 주장하고자 하는 사람은 또한 세 가지 과오가 — 적어도 세 가지 유혹으로서 — 자기와 관련되어 있다는 것을 부인할 수 없을 것이다. 베드로 성전의 돔 아래부분에는 황금색 바탕에다 커다란 검은 문자로 약속의 말씀들이 있거니와, 실상 거기에는 검은 바탕에 황금색 문자로 대립되는 문장들도 곁들여 오해를 피하게 했어야 할 것이다. 그랬더라면 적어도 이 성당에 묻혀 있는 대 그레고리우스나 요한 23세는 그 뜻을 알아보지 않았겠는가.

첫째 유혹 (마태 16,18-19 다음에 나오는 16,22-23):

베드로는 자기가 주님보다 더 높은 양, 스승보다 더 잘 아는 양, 예수를 "옆으로 끌어내면서" 대체 어쩌자고 그러느냐고, 어떻게 그런 일이 있을 수 있느냐고 다그친다. 십자가는 피해야 한다는 당당한 태도다! 그런데 바로 이 자신만만한 개선주의적 "영광의 신학"theologia gloriae이야말로 하느님의 생각과 뜻에 정면으로 대립되는, 그야말로 인간적인 생각이다. 그것은 하나의 경건한 "사탄의 신학"theologia satanae이요, 유혹자가 주는 일종의 영감이다. 베드로가 자기자신은 물론 하느님과 같은 생각을 하고 있노라고 전제했다가는, 그래서 — 어쩌면 자기도 모르는 사이에! — 마태오 16,16의 신앙 고백자에서 16,22의 신앙 오해자로 변하여 하느님보다는 인간 편을 들었다가는, 그럴 때마다 주님은 등을 돌리고 더없이 모진 말씀을 쏟아붙이기 마련이다: "내 뒤로 물러가라, 사탄아! 너는 나에게 걸림돌이다. 하느님의 일은 생각하지 않고 사람들의 일만 생각하는구나!"(마태 16,23).

둘째 유혹 (루카 22,32 다음에 나오는 22,34):

특별한 지위와 특별한 은혜란 특별한 책임을 의미한다. 또 바로 그렇기 때문에 여기서도 시련과 유혹은 배제되지 않는다. 여기서도 예수의 모든 제자들을 키 안에서 밀 까불듯이 할 권리를 요구한 사탄이 나타난다. 베드로의 신앙은 흔들리지 않을 것이다. 그러나 그가 스스로 자기의 신뢰는 당연한 것이요 자기의 신앙은 시련 없는 확고한 소유물이라고 생각했다가는, 자기의 성패가 주님의 기도에 달려 있고 거듭 새로이 신앙과 신뢰의 힘을 받아야 함을 잊었다가는, 주님을 따를 자세와 능력을 자기 노력으로 얻은 줄로 알았다가는, 그래서 자신만만하게 자기 자신을 과대평가하고 전적으로 주님을 신뢰하지는 않게 되었다가는, 그러기가 무섭게 배신의 새벽이 다가오고 그는 이미 주님을 모르는 사람이 되어 한 번만도 아닌 세 번이나, 즉 완전히 주님을 부인할 수도 있게 된다: "베드로, 당신에게 말하거니와, 당신이 나를 안다는 것을 세 번이나 부인할 때까지 오늘 닭이 울지 않을 것입니다"(루카 22,34).

셋째 유혹 (요한 21,15 다음에 나오는 21,20 이하):

주님은 세 번 자기를 부인한 베드로에게 세 번 자기를 사랑하느냐고 묻는다: "당신은 이들보다 더 나를 사랑합니까?" 어디까지나 이 조건하에서만 공동체를 영도할 소임이 맡겨진다. 베드로는 사랑으로 주님을 따름으로써 어린양들을 돌보고 큰 양을 치게 된다. 그러나 예수를 감히 바라보지 못하는 베드로, 주위를 두리번거리는 베드로, 그가 언제나 자기보다 사랑이 탁월하시던 그분을 알아본다. 그리고 거기 같이 있던 요한은 어떻게 될 것이냐는 격에 맞지 않는 질문에는, 일견 베드로의 보편적 사목 임무와 모순되는 듯한 대답이 되돌아간

다: "그것이 당신과 무슨 상관이 있습니까?" 그러니 베드로가 상관 못할 일도 있는 것이다. 자기 자신의 임무에 전념하지 않았다가는, 무엇이나 다 관여하려 들었다가는, 자기도 어쩔 수 없는 운명이 있음을 몰랐다가는, 자기를 거치지 않고 특별히 예수와 직결되는 일들이 있음을 잊었다가는, 또는 자기의 길 외에 다른 길도 있음을 인정하지 않았다가는, 그럴 때마다 엄한 책망을 듣고 다시 부르심을 받아 주님을 따르지 않으면 안 된다: "그것이 당신과 무슨 상관이 있습니까? 당신은 나를 따르시오"(요한 21,22).

사명이 클수록 유혹도 크다. 참으로 반석이 되자면, 참으로 열쇠 보유자가 되어 참으로 전체교회를 섬기는 목자가 되고자 한다면, 거기에 따르는 책임의 짐, 근심·걱정·고통·고난이 얼마나 무거운가! 교종직은 하느님이 주셨으니 누릴 수도 있다는 — 루터 시대에 레오 10세가 그렇게 말했다고 하거니와 — 그런 시대는 이미 지난 지 오래다. 이 봉사직과 관련된 온갖 간난신고, 온갖 오해, 온갖 좌절감 때문에, 신앙이 흔들리려 할 때(루카 22,32 참조), 사랑이 배신당한 듯할 때(요한 21,17 참조), 희망이 지옥문 앞에서 흐려질 때(마태 16,18 참조)가 얼마나 잦은가! 베드로의 봉사직은 다른 어떤 봉사직보다도 더 크게 하느님의 은혜에 의존한다. 나날이 새로이 의존한다. 이 봉사직은 형제들에게서도 많은 것을, 매우 많은 것을 기대할 수 있다. 이 봉사에 대한 형제들의 조력은 사실상 종종 부족하다. 그리고 그것은 참으로 도움이 될 수 있는 것이라야 한다. 노예적 굴종, 무비판적 헌신, 감상적 우상화가 아니라 나날의 기도, 충실한 협력, 건설적 비판, 거짓없는 사랑이라야 한다.

이 베드로의 봉사가 만일 갑자기 없어지고 만다면 가톨릭 교회는 물론 그리스도교 전체에 무엇인가가, 과연 근본적인 무엇인가가 모자라게 되리라고 가톨릭 신자들은 확신하고 있거니와, 아마도 이 점은 정교회나 개신교의 그리스도 신자들도 어느 정도 공감할 수 있을 것이다. 이 봉사를 성서에 비추어 감상 없이 냉철하게 본연의 모습 그대로 이해한다면, 거기에는 확실히 어떤 중대한 것이 있다. 곧, 전체 교회에 대한 봉사다! 완전한 성서적 의미의 봉사는 1차 바티칸 공의회의 법적 테두리를 훨씬 능가한다! 베드로의 봉사 수위권은 영예 수위권primatus honoris보다 크다. 이런 영예의 지위란 봉사의 교회 내에서는 어느 누구에게도 주어질 수가 없고, 이런 수동적 지위란 또한 어느 누구가 도와 줄 수도 없다. 베드로의 봉사 수위권은 또 관할 수위권primatus iurisdictionis보다도 크다. 관할 수위권이라고 하여 순전히 권력과 지배로만 알아듣는다면 근본적인 오해요, 글자 그대로 보면 그야말로 결정적으로 중요한 봉사가 — 부인되지는 않는다고 하더라도 — 묵살되고 만다. 베드로의 봉사는 성서적으로 바르게 표현하자면 **봉사 수위권**이요 **사목 수위권**primatus servitii, primatus ministerialis, primatus pastoralis이다!

분파의 강령?

장차 베드로의 봉사가, 온 교회의 봉사 구조가, 나아가 갈라진 그리스도교 교회들의 재일치가 어떤 모습으로 나타날지 오늘에는 아무도 모른다. 오늘의 세대가 할 일은 자신의 과업에 최선을 다하는 일이다. 그래서 여기서 결론적으로 한 가지 지적할 수가 있다: 모든 교회는 각기 고유한 역사가 있고, 그래서 다른 교회에는 그대로 받아들여지지 않는 고유한 특성이 있다. 이를테면 "특색"이 있다. 가톨릭은 그 특색으로 교종이 있다. 그러나 가톨릭만 그런 것이 있는 것은 아니다! 정교회들도 그들의 "교종"이 있다. 즉, "전통"이 있다. 프로테스탄트는 "성경"이 있고, 자유교회는 "자유"가 있다. 그러나 가톨릭의 "교종직"이 그냥 그대로 신약성서에 나오는 베드로의 봉사는 아니듯이, 정교회의 "전통"도 그대로 사도적 전통은 아니요, 프로테스탄트의 "성경"도 그대로 복음은 아니며, 자유교회의 "자유"도 그대로 하느님 자녀의 자유는 아니다. 아무리 훌륭한 특색이라도, 그것이 그 특색의 구호 아래 교회 내의 권력 투쟁을 벌이는 파벌적 **강령**綱領으로 변하고 만다면, 그것은 구호의 남용이다. 하나의 강령이란 또한 대개가 하나의 영도자와 결부되는 법이고, 필연적으로 한 교회가 다른 교회들을 배척하기 마련이다.

코린토에도 당파가 있었다. 그들에게도 — 하나하나 다 알 수는 없지만 — 강령이 있었고, 남달리 떠받드는 영도자가 있었으며, 그래서 그 밖의 다른 사람의 권위는 배척되었다: "나의 형제들이여, 실상 여러분에 관하여 클로에 집안 사람들이 내게 전한 바에 의하면, 여러분 사이에 싸움이 있다는 것입니다. 내 말은 다름이 아니라, 여러분은 저마다 '나는 바오로 편이다', '나는 아폴로 편이다', '나는 케파 편이다', '나는 그리스도 편이다' 한다는 것입니다"(1코린 1,11-12). 여기서 시대를 옮겨 놓아도 좋다면, 베드로의 수위권과 열쇠의 권한과 사목권을 내세워 뭐니뭐니해도 자기네들이 제일이라고 주장하는 가톨릭 신자들은 영락없이 베드로파에 해당한다. 그리스 사상의 위대한 전통을 이어받아 계시를 다른 누구보다도 자기네들이 더 영적으로, 더 풍부한 사상으로, 더 심오하게, "더 바르게" 해석한다는 정교도들은 필경 아폴로파에 해당한다. 자기네 공동체의 시조는 그야말로 사도라고, 남달리 그리스도의 십자가를 설교한 분이라고, 다른 어떤 사도들보다도 많은 일을 한 분이라고 말하는 프로테스탄트는 확실히 바오로파에 해당한다. 그리고 다른 교회들의 온갖 교권과 교조의 강제에서 벗어난 자기네들이야말로 자유로이 그리스도만을 유일한 주님과 스승으로 받들며 바로 거기서 자기네 공동체의 형제적 생활이 나온다는 자유교회파들은 결국 그리스도파에 해당하는 셈이다.

그러면 바오로는 누구 편을 드는가? 물론 베드로가 교회의 반석이므로 베드로 편을 드는가? 바오로는 베드로의 이름을 침묵으로 넘긴다. 아폴로에 대해서도 같은 요령이다. 그뿐인가. 놀랍게도 자기 이름의 당원들도 인정하지 않는다: 바오로는 여러 사람들이 떼를 지어 어떤 한 사람을 — 그 사람이 자기들을 위하여 십자가에서 죽은 것도 아니요 그 사람의 이름으로 자기들이 세례를 받은 것도 아닌데도 — 떠받들고 당수로 삼고 하는 것을 원치 않는다. 바오로가 코린토인들에게 세례를 준 것은 사실이다. 그러나 그의 이름이 아니라 십자가에 못박히신 그리스도의 이름으로 그들은 세례를 받았다. 그분 이름으로 세례를 받았으니 그분에게 속한다. 따라서 그 공동체의 설립자인 바오로의 이름 자체도 당명이 될 수는 없다.

여기서 우리는 알 수 있다: 베드로의 봉사직은 교회를 위하여, 교회의 일치와 단합을 위하여 참으로 반석이라 할 만하다. 그러나 그것이 그냥 그대로 교회가 어디 있느냐의 기준이 될 수는 없다. 전통은 교회를 위하여, 교회의 연속과 존립을 위하여 참으로 훌륭한 지침이라 할 만하다. 그러나 그것이 정통orthodoxy과 이단heterodoxy의 분계선이라고 할 수는 없다. 성경은 교회를 위하여, 교회의 신앙과 고백을 위하여 참으로 초석이라 할 만하다. 그러나 그것이 집짓는 데 쓰이지 않고 남을 때리는 데 쓰일 돌멩이로 변할 수는 없다. 그뿐인가. 사도들 대신에 직접 그리스도를 내세우는 것도 해결책은 아니다. "그리스도께서 갈라지셨습니까?"(1코린 1,13)라는 말은 여기도 적용된다. 주 그리스도의 이름이라도 어떤 특정한 다른 교회를 공격하려는 어떤 파당의 깃발로 사용될 수는 없다.

　인간을 돕고 해방하는 메시지인 성경, 본래의 증언들에 충실한 전통, 교회에 대한 사심없는 사목 봉사로서의 베드로의 봉사직, 성령 아래 모인 형제들의 자유 ― 이 모든 것은 좋은 것들이다. 배타적으로 오해되지 않는다면, 남을 대항하는 데에 쓰이지 않는다면, 교회와 교회를 구성하는 모든 것들 위에 계신 그리스도를 섬기는 데에 쓰인다면, 그렇다면 언제라도 좋은 것들이다. 어느 교회도 자기 자신을 최종적으로 판단할 수는 없다. 어느 교회나 주님의 불 심판을 받게 되어 있다. 그때는 각 교회의 독특한 형태, 독특한 전통, 독특한 교리 중에서 얼마만큼이 나무요 건초요 짚이며 얼마만큼이 금이요 은이요 보석인지, 무엇이 가치 없이 사라질 것이며 무엇이 소중하게 보존될 것인지 드러나게 될 것이다(1코린 3,12-15 참조).

11 세계 속의 교회

세계(세상)의 양면성

교회는 미래가 있는가? 교회는 어떻든 **현재**가 있고, 이 현재의 문제를 미래의 희망이 다 해결해 줄 수는 없다. 이 교회의 현재는 **세계** 속의 현재다. 누누이 여러 각도에서 강조해 왔거니와, 참 교회는 이상적이고 신성하고 영원한, 어딘가 하느님과 인간 사이에 떠 있는 중간존재가 아니다. 참 교회는 세계 안에서 세계를 위하여 인간으로 구성된 하느님의 교회다.

하느님 지배의 완성이 매우 가까운 장래에 있다고 내다보고 있던 신생 교회의 종말론적인 — 당시 유대교의 영향도 크게 받은 — 세계관은 두드러지게 부정적이었다. 바오로나 요한에게, 또 대부분의 신약성서에, "이 세상", "이 세대"란 죄와 죽음의 세력들이 지배하고 악마적인 악이 실질적으로 권세를 휘두르는 비참한 존재다. "살"[肉]이요 "어둠"인 인간은 갖은 탐욕과 정욕을 가지고 있고 악한 마음에 사로잡힌 채 타락해 있어서 스스로 그 타락에서 해방되고 구원될 능력이 없다. 어둡고 비참하고 악마스런 죄와 죽음의 세계, 하느님과 대립되고 따라서 그야말로 말세로 향하는 세계, 이런 세계에 대하여 교회는 부정적인 긴장관계를 유지할 수밖에 없다. 이런 세계의 지혜에 대해서는 그리스도 십자가의 어리석음에 의하여 계시된 하느님의 지혜로, 이런 세계의 정신에 대해서는 하느님으로부터 나온 성령으로 대결할 수밖에 없다. 교회는 어떤 일이 있어도 이런 세계에 동화될 수 없다. 이런 세계를 사랑할 수 없다. 현세에서 부르심을 받아 나온 종말론적 구원 공동체로서, 하느님의 선택된 백성으로서, 성령의 성전으로서, 예수 그리스도의 순결한 몸으로서, 교회는 현세와 대립하고 있다.

그러나, 이 모든 것은 신약성서의 세계관으로도 일면에 불과하다. 쿰란Qumran 공동체와는 달리 신생 에클레시아는 현세로부터 은둔하지 않는다. 세상을 적대하고 세상에서 구별되며 세상을 도피하는 것만이 능사는 아니다! 오히려 반대로, 신생 에클레시아는 자신이 다시 세상에 파견되었음을 자각한다. 세상과 구별되는 구원 공동체인 교회는 세상**에서** 세상**에게** 자신의 과업을 수행해야 한다. 새로운 하느님의 백성인 교회는 어둠에서 빛으로, 죄에서 구원으로, 죽음에서 생명으로 사람들을 부르기 위하여 세상에 파견되어 있다. 세계의 구원과 다가오는 해방의 기쁜 소식을, 이미 시작했고 곧 완성될 하느님 통치의 복음을, 교회는 세계에 전해야 한다. 인간을 사랑함으로써 예수 그리스도를 통하여 계시된 그대로 하느님의 사랑을 증거해야 한다. 이리하여 분명히 드러나거니와, 이 세계는 하느님을 버렸으나 결코 하느님으로부터 버림을 받지는 않은 세계요, 타락했으나 결코 끝내 타락하도록 내버려지지는 않은 하느님의 피조물이며, 길을 잃고 방황하면서도 항상 하느님께 속해 있는, 이제는 그리스도 안에서 교회를 통하여 하느님께로 되돌아와야 할, 그런 세계다.

세상이 하느님께 속한다는 것, 창조주로부터 받은 좋은 본성이 있다는 것, 이것은 결코 단순히 악에 의하여 말살될 수는 없었다. "만물" ― 특히 콜로새서와 에페소서에서, 또 매우 긍정적인 의미로 요한복음 머리말에서도 세상을 이렇게 부르고 있다 ― 은 이미 처음부터 그리스도로 말미암아, 그리스도를 내다보고 창조되었었다. 이 만물은 다시 그리스도에 의하여 통일되고 그리스도의 통치 아래 하느님께 인도되어 마침내 종말의 새로운 창조에 의하여 완성되고 완전한 자유를 얻게 될 것이다. 하느님의 은총에 감싸인 이 세계에 대하여, 교회는 하느님의 백성이요 성령의 궁전이자 그리스도의 몸인 종말론적 구원 공동체로서 온갖 형태로 봉사기능을 수행해야 한다.

이처럼 교회가 볼 때 세계는 근본적으로 빛과 어둠의 **양면성**을 띠고 있다. 덧없고 허무한 동시에, 창조주에 의하여 좋은 본성이 보존되어 있고 종말의 약속이 주어져 있는 세계다. 죄악과 죽음의 지배가 인간을 속박하려는 공간인 동시에, 항상 하느님이 좋게 만드시고 결코 버리거나 배척하시지 않는 세상이요, 이미 그리스도로 말미암아 화해되고 구원된 피조물이며, 인간들이 전력을 다하여 뜻있게 건설해 나가야 할 생활 영역이다. 이 양면적인 세계와 마주선 교회의 근본 자세는 궁극의 자유다. 그것은 현세추구나 현세탐닉도 아니요 현세도피나 현세적대도 아니며, 부정과 반항에 의한 긍정과 헌신이요 긍정과 헌신에 의한 부정과 반항이다! 교회는 이 하느님 자녀들의 왕다운 자유에 의하여, 세계가 하느님으로부터 먼 그만큼 내적으로 세계와 거리가 있는 동시에, 세계가 하느님을 향하기로 되어 있는 그만큼 전적으로 세계에 참여하고 있음이 드러난다.

신성화와 세속화

첫 세대의 교회에 있어서는 교회 자체와 세속사회 — 그 단체와 제도, 문명과 문화 — 와의 관계가 종종 구체적인 태도 문제(가령 세속 권력에 대한 복종 문제)로 나타나기는 했으나 정식으로 신학적 문제로 등장하지는 않았다. 이 세상은 곧 "사라질" 것이라고 생각하던 당시의 공동체로서는 "세계 건설"이란 현실적으로 아무런 의미가 없었던 것이다. 그러나 신약성서의 후기 기록에서 나타나듯이 둘째 세대는 이미 세상에 대한 태도가 달랐고 또 달라야 했으며, 따라서 그리스도 신자의 "현세 봉사"는 이미 현실 문제였다. 이렇게 시작된 그리스도교적 "세계 건설" 문제는 현세의 직업, 정신·문화 활동, 경제·정치·사회 생활과 관련하여 날이 갈수록 큰 문제로 확대될 것이었다.

처음 3세기 동안의 교회는 세상 참여를 **사회적으로** 실현할 기회가 별로 없었다. 박해시대에는 계속해서 모든 세속 영역과의 거리를 지켰고, 일부에서는 세상에 대하여 노골적으로 적의를 보이기도 했다. 이른바 "콘스탄티누스의 전환"은 문화적·정치적 사회 활동이라는 의미에서 세상을 향한 전환을 뜻했다. 그 결과는 ― 이미 여러 곳에서 자주 언급한 바 있는 ― 세속 세계의 **신성화**^{Sakralisierung}였다. 오늘날 교회 내에 아직도 세상의 **세속화**^{Säkularisierung}를 개탄하고 아직도 여러 분야에서 그 결과를 받아들이기를 꺼리는 사람들이 있거니와, 그들은 근대의 세속화 과정이란 근본적으로 저 중세 전성기에 절정에 이르러 변증법적 방향전환을 겪은 신성화 과정의 결과에 불과함을 간과하는 사람들이다. 오늘의 교회는 널리 세속화된 사회에, 속세에 살고 있다. 그리고 이 세계는 세속화 과정을 거치면서 근본적으로 그리스도교적인 충동과 인식과 형태를 성장·발전·변형시켜 온 세상이다 ― 예컨대 자연의 탈신화화$^{Entmythologi-sierung}$, 인간 노동의 가치 인정, 세상의 개혁에 대한 인간의 책임과 가능성을 내포하는 사관에 의한 운명론적·윤회적 세계관의 극복 등.

여기서 우리가 세속화된 세계 내의 생활이 교회에 어떤 의미가 있는가를 설명하려 한다면 그것은 이 책의 목적에서 너무 벗어나는 셈이다. 이 세속 세계는 성광^{聖光} 없는 인간화^{Hominisierung}된 세계요 인간 스스로 조형·변형하여 건설하는 인간의 세계라는 것, 그리고 — 특히 자연과학의 물질계는 물론, 점점 뚜렷해지듯이 생태학·발생학·심리학·사회학·경제학 등의 생물계와 인간계도 — 현상과 기능 관계의 일정한 체계를 이루고 있고, 경험·계산·실험·예측·조정이 가능하며, 거기에 신이라는 존재가 등장해서는 개개 현상의 기능적 설명과 조정이 그야말로 교란되고 마는 하나의 자율적 체계라는 것, 나아가 이런 전문화된 세계에 있어서는 예술·법률·사회생활 기타 모든 분야의 문화 역시 그 구체적인 형태가 어떤 종교적 의미부여와 목적 설정에서 도출되는 것이 아니라 온전히 현세적으로 인간 자신에 의해서 계획·구성·실현된다는 것, 끝으로 이 세속세계는 철두철미 다원적인 세계로서만 존재할 수가 있다는 것 … 이런 것들이 오늘의 교회가 처한 곤경과 기회, 새로운 위험과 많은 가능성에 대하여 무엇을 말해 주고 있는가를 여기서 설명할 수는 없다. 이런 것들은 일차적으로 교회론의 관심사라기보다 신학 전반에 걸친 하나의 도전이다. 오늘의 신학, 특히 신학적 인간론과 창조론과 신론은 이 새로운 세계를 위하여 스스로 인간관과 사연관과 신관을 철저히 재고할 필요가 있다.

세상에 대한 봉사

오늘의 교회가 임무를 수행함에 도움이 되기 위해서는 물론 사회학적·심리학적·역사학적 분석이 중요하고, 못지않게 사목적·윤리신학적 검토·적용도 중요하다. 그러나 여기서 항상 **기본**이 되어야 할 것은 교회를 그 **근원**에서부터 바라보고 그 본질이 무엇인가를 검토하는 일이다. 물론 여기서 중요한 핵심이 되는 것은 교회의 현실이요 이 현실에 대한 교회의 자세이며, 교회는 이 현실에서 도피하여 낭만주의나 보수주의나 이상주의에 빠져서는 안 된다. 현실 세계는 바로 교회가 사명을 수행해야 할 장소요 시간이다. 따라서 교회는 이 세계의 새로운 시간과 장소에서 이론상으로나 실천상으로나 현실적응 aggiornamento을 피할 수 없다. 그러나 이러한 현실적응이 교회의 **근원**에 뿌리내려 존재기반인 그리스도 자신의 복음에 근거하지 않으면, 그것은 유행의 추종이요 시세의 편승이다. 현실적응은 그러므로 본래의 원형으로, 근원의 본질로 되돌아가는 부단한 쇄신이어야 한다. 이렇게 현실이 근원에 의해서만 바른 관점과 바른 방향을 잡을 수 있는 것이라면, 모든 문제에 있어 항상 신약성서로 되돌아가 거기서부터 오늘의 교회를 위하여 무엇이 근본적으로 중요하고 무엇이 중요하지 않은지를 아는 것이야말로 지극히 현실적이요 시대에 적합하다고 할 수 있을 것이다.

　복음의 관점에서 보면 교회와 세상의 관계에서 근본적으로 중요한 것은 단 하나, **세상에 대한 봉사**다. 우선 **소극적**인 면부터 보자면 여기서도 봉사는 지배와 대립된다. 봉사란 결코 정치·경제·사회·문화·예술·학문 등, 어떤 생활 분야에서든, 오늘날에는 전문가만이 논할 자격이 있는 무슨 문제에나 다 간섭하고 통제함을 뜻하는 것이 아니다. 봉사란 경우에 따라서는 그야말로 조심스럽게 침묵을 지킴을 뜻한다. 그런 문제에 대해서는 아는 바 없다고, 또는 아예 알 필요도 없다고, 오늘날 그런 문제에 대하여 말할 자격이 있는 사람은 다른 사람이라고 시인함을 뜻한다. 또 봉사란 교회가 보유해 온 사회적 권력을 용감히 포기함을 뜻한다. 그런 권력적 지위가 다행하고도 불행한 교회의 역사를 통하여 교회에 주어졌기는 하나, 이제는 그것을 옹호할 시대는 영영 지났고 또 옹호한대야 고작 반교회적 감정을 야기하거나 격화시킬 뿐이다. 세상에 대한 봉사는 그러므로 세상에 대한 지배의 포기다. 권력정치의, 현세적 영도권의, 현세적 특전·특혜·특권의 포기다.

그러면 **적극적** 의미의 세상에 대한 봉사란 무엇인가? 여기서 자칫하면 또다시 교회가 감당할 수 없는 것을 교회에 주문하게 될 만한 거창한 말들은 삼가는 것이 좋을 것이다. 교회는 세상의 중대한 문제들을 "해결"할 수 없다. 기아문제, 인구팽창문제, 전쟁문제. 인종문제도 …. 교회가 할 수 있는 일은 — 조심스럽게 한마디로 표현하자면 — **세상을 위하여 존재**하는 일이다! 그러면 언제 교회는 세상을 위하여 존재하는가?

교회는 우선 요컨대 세상이 참으로 무엇인지를 **앎**으로써 세상을 위하여 존재한다. 세상은 온갖 지식을 가지고도 이것을 모른다. 어디서 왔는지, 어디에 있는지, 어디로 가는지를 모른다. 궁극적으로 신과 인간, 구원과 화해가 무엇인지를 모른다. 신앙에 의해 교회는 교회의 하느님이 또한 세상의 하느님임을, 세상도 하느님으로부터 왔고 하느님께로 간다는 것을 알 수 있다. 한 하느님이 온 인류와 계약을 맺었음을, 예수 그리스도는 교회만이 아니라 세상을 위해 죽고 부활했음을, 그래서 포용적인 하느님의 자비는 찬란하고도 비참한 온 세상을 비추고 있음을 알 수 있다. 오직 예수 그리스도를 믿는 신앙에 의해 세상의 근원과 행로와 목적을, 그 가능성과 한계를 아는 데서만, 교회는 참으로 세상을 위해 존재할 수 있다. 세상을 있는 그대로 보고 아는 것, 널리 이해하고 자유로이 비판하고 친절하게 포용하는 것, 이것은 교회가 받은 은혜요 또한 교회의 과업이다.

교회는 세상과 **결합**되어 있음으로써 세상을 위하여 존재한다. 그야말로 세상이 무엇인지를 인식·이해하고 있는 교회라면 그런 교회가 세상과 유리된다는 것은 애초에 있을 수 없는 일이다. 물론 단순히 동화될 수는 없다. 그렇게 되면 교회 자신이 세상이 되어 특별히 선택된 봉사자로서의 임무를 포기하는 셈이다. 그러나 외아들을 주실 만큼 세상을 사랑하신 하느님의 참 자비를 알고 있는 교회라면 처음부터 깊이 세상과 결합되어 있기 마련이다. 세상과 더불어 교회는 온 인류의 일부다. 온 인류가 죄를 지었고 온 인류가 하느님의 자비를 찾았다. 그렇다면 혹시라도 교회가 이 공통된 죄책과 공통된 은총을 잊을 수가 있는가! 교회가 세상과 절연하고 하나의 게토ghetto에서 찬란한 고립생활을 영위할 수는 없다. 오히려 세상에 직면하고 세상을 용납하며 세상의 곤경과 희망에 참여하고 세상의 모험과 좌절을 함께 나누어야 한다. 세상이야 어떻든 상관없는 교회가 아니라 사랑으로 세상과 맺어진 교회만이, 예수 그리스도의 복음의 요구라면 세상에 대항하고 항의도 할 수가 있다. 또 대항과 항의야말로 세상과 함께 머물기 위함이다. 세상 안에서 세상과 함께 세상의 일에 참여하는 것, 세상과 유대를 가지고 생각하고 말하고 행동하는 것, 이것은 교회가 받은 은혜요 또한 교회의 과업이다.

그러나 이런 봉사만으로는 아직도 부족하다.

교회는 세상에 **책임**을 짐으로써 세상을 위하여 존재한다. 참으로 세상과 결합되어 있는 교회라면 그런 결합이 생각과 말만으로 다 이루어질 리가 없다. 다소간의 수동적인 평화공존에 불과할 리가 없다. 공존관계만으로는 부족하고 호혜관계가 필요하다. 현실적으로 공동책임을 지고 일하지 않는다면, 교회가 세상을 안다는 것도 보람없는 일이요 교회가 세상과 결합되어 있다는 것도 부질없는 일이다. 주님을 따라 교회는 **모두**가 한 아버지의 자녀들인 형제들에게 행동적 봉사를 하도록 부르심을 받았다. 자기만을 위해 살고 행동하는 교회라면 그리스도의 교회는 아니다. 그리스도의 교회는 자신이 행하는 매사에 있어서 — 그것이 일견 매우 내적인 것이라 하더라도 — 외향적으로 인류를 향하여 존재한다. 세상은 스스로 알고 있든 모르고 있든 교회의 형제적 도움을 필요로 한다. 세상을 위하여, 세상의 현재와 미래를 위하여 공동책임을 지는 것, 말만이 아니라 행동으로 책임을 지는 것, 이것은 교회가 받은 은혜요 또한 교회의 과업이다.

복음의 증언

그러나 교회가 세상을 앎에 비뚤어짐이 없고 교회가 세상과 결합함에 어긋남이 없으며 교회가 세상에 책임을 짐에 막연함이 없기 위해서는, 이 모든 것을 **본래의 과업**에 비추어 보아야 한다. 그리고 이 교회의 본래 과업은 잡다한 "다른 일들"allotria을 행함에 있는 것이 아니다. 주님이 영을 통하여 교회에 부과한 소명과 능력과 권위로서의 본래 과업은 그리스도에 대한 신앙을 고백하고 전파하며, 그의 증인이 되는 일이다. 따라서 예수 그리스도에 의하여 이미 시작되었고 우리에게 신앙이 결단을 요구하고 있는 종말론적 하느님 통치의 좋은 소식, 복음을 전하는 일이다. 복음은 하느님의 은총과 자비의 소식이요, 죄 많은 인류의 의화와 성화와 소명의 소식이며, 율법과 죄와 죽음에서 해방된 새로운 자유 속에서 신앙과 사랑과 희망을 가지고 만물의 완성을 내다보면서 이미 현재에 돌입해 있는 미래를 사는, 성령에 의한 삶의 소식이다.

세상에 대하여 복음의 증인이 되어야 한다는, 교회가 세상에 대하여 짊어지고 있는 유일한 근본 과업은, 개인적으로나 단체적으로나 여러 가지 형태와 양상으로 수행될 수 있다. 근본적으로 교회 안에는 거리로 향하여 창문을 활짝 열어놓아서는 안될 아무것도 없다. 이것은 물론 창문이나 바라보자는 것이 아니라 오로지 할 일에 전념하자는 것이다. 그러나 아무리 설교가 심오한들, 아무리 예배가 장엄한들, 아무리 사목이 조직적인들, 아무리 교리교육 방법이 치밀한들, 아무리 신학이 사상적으로 풍부한들, 아무리 자선사업이 효과적인들 ― 이 모두가 만일 오로지 자기네들끼리만 따로 열이 나 있는 공동체를 위한 것이라면, 만일 자기만을 위해서 사는 교회를 위한 것이라면, 죄다 무슨 의미가 있는가! 교회 안에서 일어나는 모든 일이 어떤 형태로든 직접·간접으로 사회에도 유익한 것이 되지 못한다면 조금이라도 가치가 있을 수 있는가! 교회와 함께 행동하지는 않으나 그래도 역시 같은 아버지의 자녀들인 형제자매들을 생각하지 않고서 어떻게 교회의 설교가, 교회의 기도와 예배가, 교회의 교육과 사목과 신학과 봉사 활동이 이루어질 수 있는가! 교회가 교회 아닌 세상 속에서 무슨 일을 하거나 말거나, 세상은 항상 교회 곁에 있다. 혹은 동조하고 혹은 배척하면서, 혹은 침묵하고 혹은 발언하면서, 혹은 항의하고 혹은 감사하면서, 항상 곁에 있다. 이 사실 앞에 교회는 실망할 필요가 없다. 그렇다, 오히려 기뻐할 일이다. 교회는 세상 앞에서 증언을 하지 않고서는 달리 존재할 수가 없는 것이다.

다수에 봉사하는 소수

그러므로 교회는 다수를 섬기는 소수다. 신앙인 공동체인 교회, 말과 행동으로 그리스도를 증언하는 신앙인 공동체인 교회는 때로는 감추어져 있으나 항상 다시 드러나는, 만백성 속의 표징이다. 신앙과 사랑으로 함께 결합하자고, 그래서 교회만이 아니라 온 세계를 위하여 주님이 하신 일이 얼마나 큰가를 함께 증언하자고, 세상을 부르는 생생한 초대다. 이처럼 온 인류가 함께 감사하고 함께 찬양하도록 부르심을 받고 있다. 거듭 새로이 은총의 말씀을 듣고 사랑의 잔치를 거행하면서, 서로만이 아니라 남들도 사랑하는 사람들로서 나날이 그리스도를 증언하도록 부르심을 받고 있다.

그러므로 교회는 혼자 있기를 원하지 않는다. 전위대가 되고 싶어한다. 온 인류의 전위대로서 하느님의 백성은 나아간다 — 어디로? 또다시 문제는 되돌아간다: 교회는 미래가 있는가?

우리는 대답한다: 교회는 세계 안에서 현재가 있으므로 미래가 있다. 세계로 나가는 교회는 사명이, 임무가, 과업이, 봉사가 있다. 이것은 교회의 현재에 다가오는 것, 거듭 새로이 다가오는 것, 현재마다의 **미래**다. 이것으로 교회의 현재가 성취되고, 교회가 실현되며 교회가 의미를 지니게 된다. 이렇게 거듭 새로이 다가**오는** 것은 하느님의 은총 이외에 아무것도 아니다. 하느님의 은총 아래 교회는 살아 가고, 하느님의 은총이 교회의 새로운 나날을 가져다준다. 이 하느님의 은총이 도와 주기에 교회는 현재의 곤경을 극복한다. 불만을, 회의를, 근심과 걱정을, 실망을, 사력구원의 망상을, 교회 자신과 세계의 불행을 극복한다. 시대의 어둠 속에서 거듭 새로이 주어지는 하느님의 은총으로서의 밝은 현재가 있기에, 교회는 미래가 있다.

그러면 이 은총을 받기에 조금도 합당치 못한 이 교회에 거듭 새로이 이 현재가 다가올 수 있는 까닭은 무엇인가? 교회의 현재는 과거에서 오는 현재다. 그리고 교회의 과거는 교회의 근원이므로 항상 교회를 위하여 현존하는 과거다. 하느님의 은총은 교회가 믿고 있는, 십자가에서 죽고 부활한 주님으로 말미암아 교회에 내리기 시작했다. 이 그리스도 사건에 의하여 순례길 위의 교회에는 하나의 확신이 동행하고 있다. 그것은 이 세상에서 보이지는 않으나 신뢰하고 희망할 수 있는 신앙의 확신이다. 그리스도로 말미암은 하느님의 구원 행위는 교회에 선행한다. 그것은 교회보다 크고, 교회를 포용하고 있으며 교회가 어디로 가든 먼저 거기에 가 있다. 그야말로 이미 일어난 사건으로서의 미래 약속이다. 교회는 하느님의 은총에 의하여 하나의 시작이 주어져 있기에, 그리고 그것은 교회의 현재에 있어서 약속이요 희망이기에, 교회는 미래가 있다.

이 미래의 약속은 허황된 거짓이 아니다. **왜냐하면** 그것은 이제부터 비로소 기다려야 할 먼 유토피아가 아니라 이미 일어난 사건에 근거하고 있고, 또 이 사건은 이미 일어난 사건 자체만이 아니라 나아가 미래를 가리키고 있기 때문이다. 교회가 믿고 전하는, 십자가에서 죽은 분의 부활은 만인의 부활과 신세계 출현의 선포다. 이것은 아직 와야 할 것이고, 나날이 교회에 다가오고 있는 것이 아니며, 하느님의 새로운 창조행위에 의하여 교회와 세상에 안내될 새로운 것이다. 태초의 세상 창조가 그렇고 중간의 그리스도 부활이 그렇듯이, 종말의 하느님 새 창조도 성서에서는 사실적으로 묘사되어 있지 않고 비유적으로 암시되어 있다. 그리스도의 부활에 의하여 순례길 위의 교회에게 현재의 절대적인 미래로서 약속되어 있는 것은, 최후에는 죄와 고통과 죽음이 결정적으로 극복되고 하느님 통치의 완성이 **하느님 나라**에 의하여 분명히 나타나리라는 것이다. 그것은 완전한 정의와 영원한 생명과 진정한 자유와 우주적 평화의 나라요, 끝없는 사랑 속의 인류와 하느님과의 최후의 화해다. 그렇다, 교회는 미래가 있다. 참으로 미래가 있다!

이것은 형언할 수도 짐작할 수도 없는 제8일이다. 하느님이 창조사업을 완성하고 교회가 순례의 목적지에 도달하며 세상이 주님을 알아볼 그날이다:

제7일은 우리들의 안식일, 이 날의 마지막은 저녁이 아니고 영원한 제8일이 되리라. 혼魂만이 아니라 몸 자체의 영원한 안식을 예표豫表하는 그리스도의 부활로 성화된 주님의 날[主日]이리라. 그때 우리들은 쉬면서[休日] 보고, 보면서 사랑하며, 사랑하면서 찬양하리라. 보라. 끝없는 끝이 이러하리라. 우리들의 끝이란 끝없는 나라에 이르는 것이 아니고 달리 무엇이리오 (아우구스티누스).

한스 큉의 주요 저서

[우리말 번역은 분도출판사 발간본]

그리스도인 실존

Rechtfertigung. Die Lehre Karl Barths und eine katholische Besinnung, Johannes/Benziger 1957; Serie Piper 4039.

Cerdo. Das Apostolische Glaubensbekenntnis—Zeitgenossen erklärt, Piper 1992; Serie Piper 2024 [이종한 옮김 『믿나이다』 1999]; 보급판: *Einführung in den christlichen Glauben*, Piper 2006.

Menschenwürdig sterben. Ein Plädoyer für Selbstverantwortung (W. Jens와 공저. D. Niethammer와 A. Eser의 논문 수록), Piper 1995; Serie Piper 2329; 증보 신판(I, Jens의 논설 수록), Piper 2009.

Vertrauen, das trägt. Eine Spiritualität für heute (hrsg. v. H. Häring), Herder 2003.

교회와 그리스도교 일치

Konzil und Wiedervereinigung. Erneuerung als Ruf in die Einheit, Herder 1960.

Strukturen der Kirche, Herder 1962; Serie Piper 762.

Kirche im Konzil, Herder 1963.

Die Kirche, Herder 1967; Serie Piper 582.

Wahrhaftigkeit. Zur Zukunft der Kirche, Herder 1968.

Was ist Kirche?, Herder 1970; Gütersloher-TB 181 [이홍근 옮김 『교회란 무엇인가』 1978].

Unfehlbar? Eine Anfrage, Benziger 1970; Serie Piper 1016.

Fehlbar? Eine Bilanz, Benziger 1973.

Katholische Kirche-wohin? Wider den Verrat am Konzil (N. Greinacher와 공저), Piper; Serie Piper 488.

Die Hoffnung bewahren. Schriften zur Reform der Kirche, Benziger 1990.

신론과 그리스도론의 토대

Menschwerdung Gottes. Eine Einführung in Hegels theologisches Denken als Prolegomena zu einer künftigen Christologie, Herder 1970; Serie Piper 1049.

Christ sein, Piper 1974; Serie Piper 1736 [축약판의 한국어역: 정한교 옮김 『왜 그리스도인인가』 1982].

20 Thesen zum Christsein, Piper 1975; Serie Piper 100.

Existiert Gott? Antwort auf die Gottesfrage der Neuzeit, Piper 1978; Serie Piper 2144 [전반부: 성염 옮김 『신은 존재하는가?』 1994].

24 Thesen zur Gottesfrage, Piper 1979; Serie Piper 171.

Ewigws Leben?, Piper 1982; Serie Piper 364.

Freud und die Zukunft der Religion, Piper 1978; Serie Piper 709.

Große christliche Denker, Piper 1994; Serie Piper 2283.

Der Anfang aller Dinge. Naturwissenschaft und Religion, Piper 2005; Serie Piper 4850 [서명옥 옮김 『한스 큉, 과학을 말하다』 2011].

세계종교들과의 대화

Jesus im Widerstreit. Ein jüdisch-christlicher Dialog (P. Lapide와 공저), Calwer/Kösel 1976.

Christentum und Weltreligionen. Hinführung zum Dialog mit Islam, Hinduismus und Buddhismus (J. v. Ess, H. v. Stietencron, H. Bechert와 공저), Piper 1984; Serie Piper 1908/2055/2130.

Christentum und Chinesische Religion (J. Ching과 공저), Piper 1988; Serie Piper 2738 [이낙선 옮김 『중국 종교와 그리스도교』 1994].

Spurensuche. Die Weltreligionen auf dem Weg, Piper 1999; Serie Piper 4292/4293/5167 [『세계의 종교』(비디오) 2004].

세계문학과 음악

Dichtung und Religion. Pascal, Gryphius, Lessing, Hölderlin, Novalis, Kierkegaard, Dostojewski, Kafka (W. Jens와 공저), Kindler 1985; Serie Piper 1880; Serie Piper 901.

Theologie und Literatur. Zum Stand des Dialogs (W. Jens, K.-J. Kuschel과 공저), Kindler 1986.

Anwälte der Humanität. T. Mann-H. Hesse-H. Böll (W. Jens와 공저), Kindler 1989, Serie Piper 1267.

Mozart-Spuren der Transzendenz, Piper 1991; Serie Piper 1498.

Musik und Religion. Mozart-Wagner-Bruckner; Serie Piper 4607.

Kunst und Sinnfrage, Benziger 1980.

현대의 종교 상황

Theologie-Wohin? Auf dem Weg zu einem neuen Paradigma (D. Tracy와 공저), Benziger 1984; Gütersloher Verlagshaus 1984.

Das neue Paradigma von Theologie. Strukturen und Dimensionen (D. Tracy와 공저), Benziger 1984; Gütersloher Verlagshaus 1984.

Theologie im Aufbruch. Eine ökumenische Grundlegung, Piper 1987; Serie Piper 1312.

Das Judentum, Piper 1991; Serie Piper 2827.

Das Christentum. Wesen und Geschichte, Piper 1994; Serie Piper 2940: grundlegend für die vorliegende Thematik [이종한 옮김 『그리스도교』 2002].

Die Frau im Christentum, Piper 2001 [이종한-오선자 옮김 『그리스도교 여성사』 2011].

Kleine Geschichte der katholischen Kirche, Berlin 2001.

Der Islam. Geschichte, Gegenwart, Zukunft, Piper 2004; Serie Piper 4709.

Die Schweiz ohne Oeientierung? Europäische Perspektiven, Benziger 1992.

세계윤리

Projekt Weltethos, Piper 1990; Serie Piper 1659 [안명옥 옮김 『세계윤리 구상』 1992].

Weltfrieden durch Religionsfrieden. Antworten aus den Weltreligionen (K.-J. Kuschel과 공저), Piper 1993; Serie Piper 1862.

Erklärung zum Weltethos. Die Deklaration des Parlamentes der Weltreligionen (K.-J. Kuschel과 공저), Piper 1993; Serie Piper 1958.

Ja zum Weltethos. Perspektiven für die Suche nach Orientierung(Hrsg.), Piper 1995.

Weltethos für Weltpolitik und Weltwirtschaft, Piper 1997; Serie Piper 3080.

Wissenschaft und Weltethos (K.-J. Kuschel과 공저), Piper 1998; Serie Piper 3247.

Globale Unternehmen-globales Ethos. Der globale Markt erfordert neue Standards und eine globale Rahmenordnung(Hrsg.), Frankfurt 2001.

Dokumentation zum Weltethos, Serie Piper 3489.

Wozu Weltethos? Religion und Ethik in Zeiten der Globalisierung (Jürgen Hoeren과의 대화), Herder 2002; 증보 신판 2006.

Friedenspolitik. Ethische Grundlagen internationaler Beziehungen (D. Senghaas와 공동 편집), Piper 2003.

Weltethos christlich verstanden (A. Rinn-Maurer와 공저), Herder 2005.

Weltehos aus den Quellen des Judentums (W. Homolka와 공저), Herder 2008.

인생 결산

Erkämpfte Freiheit. Erinnerungen, Piper 2002; Serie Piper 4135.

Umstrittene Wahrheit. Erinnerungen, Piper 2007; Serie Piper 5387.